Schriftenreihe

zur Praxis der Leibeserziehung

und des Sports

BAND 22

Fußball
spielgemäß lernen - spielgemäß üben

Knut Dietrich
unter Mitarbeit von Karl-Jochen Dietrich

 Verlag Karl Hofmann 7060 Schorndorf

CIP-Kurztitelaufnahme der Deutschen Bibliothek

Dietrich, Knut:
Fußball, spielgemäß lernen — spielgemäß üben / Knut Dietrich.
Unter Mitarb. von Karl-Jochen Dietrich. — 6., unveränd. Aufl. — Schorndorf:
Hofmann, 1984.
(Schriftenreihe zur Praxis der Leibeserziehung und des Sports; Bd. 22)
ISBN 3-7780-5226-8
NE: GT

Bestellnummer 522

© *1968 by Verlag Karl Hofmann, 7060 Schorndorf*

6., unveränderte Auflage 1984

Alle Rechte vorbehalten. Ohne ausdrückliche Genehmigung des Verlags ist es nicht gestattet, die Schrift oder Teile daraus auf fototechnischem Wege zu vervielfältigen. Dieses Verbot — ausgenommen die in § 53, 54 URG genannten Sonderfälle — erstreckt sich auch auf die Vervielfältigung für Zwecke der Unterrichtsgestaltung. Als Vervielfältigung gelten alle Reproduktionsverfahren einschließlich der Fotokopie.

Zeichnungen: Karlheinz Grindler
Fotos: Vom Verfasser

Erschienen als Band 22 der „Schriftenreihe zur Praxis der Leibeserziehung und des Sports"
Redaktion: Karl Koch

Lizenzausgaben
in Holland: Spelenderwijs leren Voetballen. Hollandia B. V. Baarn 1975;
in Frankreich: Le football apprentissage et pratique par le jeu. Éditions Vigot 1978;
in Norwegen: Fotball — Spill og lear. Fabritius Forlag 1976.

Gesamtherstellung in der Hausdruckerei des Verlags
Printed in Germany · ISBN 3-7780-5226-8

Inhalt

VORWORT 5

A. EINFÜHRUNG 9

I. Vereinfachung des komplexen Spielgebildes 10
   1. *Die Grundsituationen des Fußballspiels als Hauptthemen der Lehrarbeit* 11
   2. *Die Grundformen des Fußballspiels als Ausgangspunkte des Lehrgangs* 13

II. Der Aufbau des Unterrichts 17
   1. *Die Ansprüche des Spiels und die Art ihrer Akzentuierung im Unterricht* 17
   2. *Angemessene Spielaufgaben durch Abwandlung der Spielformen* 18
   3. *Planmäßige Entwicklung der Spielfähigkeit durch Spielreihen* 20
   4. *Steigerung des Spielkönnens durch ergänzende Übungsaufgaben* 20

B. DIE HAUPTTHEMEN DES UNTERRICHTS 23

I. Torschuß und Torabwehr 23
   1. *Torschußspiele* 24
   2. *Spielreihen* 29
   3. *Ergänzende Übungsaufgaben* 37

II. Herausspielen von Torgelegenheiten und Abschirmen des Tores 40
   1. *Kampfspiele auf ein Tor* 42
   2. *Spielreihen* 44
   3. *Ergänzende Übungsaufgaben* 48

III. Aufbauen und Stören 60
   1. *Kampfspiele auf zwei Tore* 61
   2. *Spielreihen* 63
   3. *Ergänzende Übungsaufgaben* 70

C. AUS DEM UNTERRICHT 73

    I. Unterrichtsbeispiele 73

        1. Spieleinführung bei den Jüngsten (6- bis 8jährige) . . 73

        2. Erweiterung der Spielerfahrungen (11- bis 13jährige) . 76

        3. Steigerung der Spielleistungen (16- bis 18jährige) . . 80

    II. Vom Turnierspiel der kleinen Gruppe zum Spielturnier der Schule 84

        1. Das Turnier innerhalb der Spielgruppe 85

        2. Das Turnier innerhalb der Klasse 85

        3. Das Schulturnier 86

D. ANHANG 88

    I. Anmerkungen 88

    II. Literaturangaben 90

Vorwort

Der Deutsche Fußball-Bund ist interessiert an allen wissenschaftlichen Bearbeitungen sportlicher Themen, insbesondere im Hinblick auf das für die moderne Erziehung so wertvolle Spielgeschehen.

Wir begrüßen daher das Erscheinen dieses Buches von Herrn Knut Dietrich, das den Versuch darstellt, spielgerechte Anleitungen zu geben für die Methodik des Fußballspiels in Schule und Verein.

Prof. Dr. ZIMMERMANN,
Vorsitzender des DFB-Jugendausschusses

Vorwort zur 3. Auflage

Didaktische Entwürfe sind zeitgebunden. Das trifft auch auf den Band 22 der Schriftenreihe zur Praxis der Leibeserziehung und des Sports zu. Aus der Distanz erscheint den Autoren das in den sechziger Jahren entstandene Konzept als eine akzentuierte Stellungnahme zur damaligen Lehrweise der Sportspiele. Die didaktische Konzeption richtete sich vornehmlich gegen die von den Sportverbänden vertretene Lehrauffassung. Die dadurch ausgelöste Auseinandersetzung wurde auf Lehrgängen des DFB mit Vertretern der Universitäten und Pädagogischen Hochschulen begonnen und im Schulfußballausschuß des DFB ausgetragen. Dabei ist es einigen namhaften Vertretern des DFB zu danken, daß die z. T. neuen Überlegungen aufgegriffen wurden. Als Ausdruck seiner Offenheit hat der DFB eine eigene Broschüre (1) erarbeiten lassen, an der die Autoren des Bandes 22 mitgearbeitet haben, ohne daß es ihnen damals gelungen ist, ihre eigenen Vorstellungen hinsichtlich der Auswahl und Anordnung der Lehrinhalte durchzusetzen.

Die Tatsache, daß es inzwischen eine Reihe mehr oder weniger gelungener Versuche gibt, die für das Fußballspiel vorgelegte didaktische Konzeption auf andere Sportspiele zu übertragen, läßt den Schluß zu, daß die 1968 als Buch vorgelegte Arbeit eine gewisse Auswirkung auf die Sportspieldidaktik insgesamt gehabt hat (2). Dennoch halten wir es für unangebracht, das Buch ohne jede Veränderung neu aufzulegen. Die didaktische Forschung hat sich inzwischen deutlich weiterentwickelt. Ihre Ergebnisse lassen sich nach unserer Auffassung allerdings nicht einfach (z. B. durch Ergänzungen) in das vorliegende Konzept einarbeiten. Die Übersichtlichkeit und Handlichkeit der

Lehrhilfe ginge verloren; möglicherweise würden sich sogar im Gewande neueren Sprachgebrauchs alte Konzeptionen wieder durchsetzen, die wir glaubten überwunden zu haben.

In der Form eines kritischen Vorworts wollen wir daher die im Band 22 vorgelegte Konzeption zu einigen neueren Ergebnissen der didaktischen Forschung in Beziehung setzen. Der Text der Lehrhilfe bleibt — abgesehen von einigen sprachlichen Überarbeitungen — unverändert.

Angesichts einer allgemeinen Wendung zur lernzielorientierten Unterrichtsplanung fällt auf, daß sich der Band 22 im Sprachgebrauch an die bildungstheoretische Didaktik anlehnt. Der Bildungsprozeß des Schülers soll sich im Durchspielen vorgegebener Spielformen vollziehen. Sie sind der Kinderspieltradition entnommen. Ihre Güte und Brauchbarkeit wird daran bemessen, inwieweit sie einfache Lernsituationen enthalten, die beim Schüler die Fähigkeit entwickeln, im Handlungssystem des Wettkampfspiels Fußball erfolgreich mitzuwirken. Der Begriff Spielform bezeichnet dabei den Handlungsrahmen (Lernsituationen). Ein für die bildungstheoretische Didaktik wesentlicher Zug wird allerdings von uns bewußt nicht verfolgt. Wir verzichten darauf, von den Spielformen (Bildungsinhalten) ausgehend, unter Rückgriff auf anthropologische und psychologische Kategorien Bildungsgehalte spekulativ zu bestimmen. Es werden vielmehr den Inhalten (Spielformen) sportspezifische Verhaltensweisen (wie „Angreifen — Abwehren", bzw. konkreter formuliert: „Aufbauen — Stören" oder „Torschuß — Torabwehr") als Lernintentionen zugeordnet. Der Schritt zum lernzielorientierten Unterrichtskonzept ist also durchaus angelegt, da die bei Lernzielformulierungen geforderte zweidimensionale Beschreibung Beachtung findet: ein sichtbares und somit überprüfbares angestrebtes V e r h a l t e n (z. B. Abschirmen des Tores) erlernen die Schüler an einem ausgewählten I n h a l t (wie drei-zwei auf ein Tor). Eine weitere Operationalisierung, d. h. Konkretisierung des Angriffs- und Abwehrverhaltens beim Fußballspielen halten wir für grundsätzlich möglich. Dennoch scheuen wir den Schritt zur konsequenten Anlehnung an das lernzielorientierte Unterrichtskonzept. Ein derartiger Versuch führt zur Erkenntnis, daß eine im Sinne der Lerntheorie zweckrationale Unterrichtsauffassung eigentlich nur dann auf den Bereich der Sportspiele anwendbar ist, wenn man Spielen selbst als ein zweckrationales Handeln auffaßt. Je genauer man nämlich das Endverhalten des Schülers definiert, um so mehr werden die beim Spiel typischen Freiheitsgrade des Handelns eingeschränkt. Die Spielmotorik wird zu einem Instrument (Mittel), dessen Angemessenheit von Fall zu Fall an den zuvor definierten Zwecken beurteilt werden kann. Die Zwecke wiederum sind in ein System aus Strategie und Taktik eingeordnet, die dem Spieler spezialisierte Einzelfunktionen mit relativ hoher Eindeutigkeit zuweisen.

Es ist legitim, Sportspiel unter dem Gesichtspunkt Wettkampf und Leistungsvergleich als zweckrationales/strategisches Handeln zu betrachten. Für eine

Einführung in das Fußballspielen, wie sie im Band 22 beabsichtigt ist, bedeutet eine Betonung dieses Handlungsaspektes eine zu frühe Vereinseitigung. Vor allem die Sozialbeziehungen der Schüler untereinander werden dabei eingeschränkt. Welche Beziehungen die Schüler untereinander entwickeln (dürfen), ist in der Strategie und Taktik immer schon vorausbestimmt. Je stärker die gewählte Spielform den Handlungsrahmen vorbestimmt, je mehr der Lehrer selbst auf eine erfolgsorientierte Spielhandlung drängt, um so weniger können die Spieler ihre sozialen Beziehungen selbst bestimmen. Der bildungstheoretische Ansatz geht von solchen vorliegenden Spielformen als möglichen Bildungsinhalten aus; er berücksichtigt aber nicht die Entstehung solcher Formen. Ihr Zustandekommen in der freien Spielwelt der Jugend ist gebunden an soziale u n d motorische Lernprozesse in Spielgruppen. Diese Vorgänge wären zunächst zu analysieren und in Spielunterricht umzusetzen. Das würde bedeuten, daß nicht das Nachspielen irgendwo und -wann gelungener Spielformen den Unterricht ausfüllen dürfte; stattdessen müßten Lernsituationen geschaffen werden, die Schüler anregen, Spielformen zu entwickeln. Die Aufgabe der Schüler wäre es, Handlungsregeln abzusprechen, komplementäre Rollen zu definieren und zu differenzieren, Sanktionen zur Sicherung anerkannter Verhaltenserwartungen festzulegen, Spielformen bei sich verändernden Bedingungen abzuwandeln, Rollenwechsel vorzunehmen und insgesamt zu lernen, ihr Spiel selbst zu organisieren. Diese Lerngelegenheiten, die wichtige Grunderfahrungen des Spielenlernens vermitteln, sind weder im bildungstheoretischen noch im lerntheoretischen Ansatz einer Spieldidaktik voll zu erfassen. Das Probehandeln für soziale Interaktionen, die an sprachliche Kommunikationen gebundene Definition der Spielsituation und zugehöriger Rollen durch die Spieler selbst bis hin zum gelingenden sprachlosen (lautlosen) Spielen, dies sind die Lernprozesse, die im Band 22 tendenziell eingeschränkt wurden und die in einem lernzielorientierten Unterricht fast gänzlich eliminiert würden.

Eine Handlungsanleitung für einen Spielunterricht, der die soziale Dimension des Sportspiels zur Leitlinie didaktischer Überlegungen macht, liegt noch nicht vor. Die dazu notwendigen wissenschaftlichen Untersuchungen bis hin zum kontrollierten Unterrichtsexperiment stehen noch aus.

Das kritische Vorwort zur 3. Auflage soll dazu beitragen, ausgehend von der vorliegenden Auffassung des Spielunterrichts, erste Erfahrungen in dieser Richtung zu sammeln.

Die Autoren sehen keinen Grund, ihr Unbehagen an der vorliegenden Konzeption der Spieldidaktik zu verschweigen. Im Gegenteil hoffen wir durch dieses Vorwort zur 3. Auflage eine unkritische Verwendung unserer und möglicher alternativer Lehrvorschläge zu verhindern. Didaktische Reflexionen dieser Art halten wir für jederzeit notwendig vor allem angesichts neuerer Lehrplanentwürfe (3), in denen überkommene Lehrauffassungen der

Sportspiele im modernen Sprachgebrauch lernzielorientierter Unterrichtsplanung von neuem angeboten werden.

In den Anmerkungen wird auf einige Veröffentlichungen (4) verwiesen, die die Probleme einer Didaktik der Sportspiele weiter verfolgen.

ANMERKUNGEN:

(1) Mit kleinen Spielen zum großen Spiel, hrgg. v. Deutschen Fußball-Bund, o. J. (1968).

(2) Als Beispiele seien hier genannt:
Fr. HEIL: Mit kleinen Spielen zum großen Spiel, Einführung in das Hallenhandballspiel in einer Quarta, in: Die Leibeserziehung 10/1970 (Lehrhilfe) — W. SÖLL/M. ÜHRL: Untersuchungen zum Spiel mit verkleinerten Mannschaften auf kleinem Spielfeld, in: Die Leibeserziehung 11/1970 — H.-J. SCHALLER: Grundformen des Basketballspiels, in: Die Leibeserziehung 10/1971 — H.-J. SCHALLER/W. FAULENBACH: Grundformen des Hallenhandballspiels, in: Die Leibeserziehung 9/1972.

Dazu die allgemeinen Beiträge zur Spieldidaktik:
G. LANDAU: Zum Begriff der Spielreihe, in: Die Leibeserziehung 2/1969 — H.-J. SCHALLER: Vermittlungsmodelle großer Spiele, in: Die Leibeserziehung 4/1970 — K. DIETRICH: Zur Methodik der Sportspiele, in: J. Recla, Methodik der Leibesübungen, Graz 1969.

(3) Entwurf der Rahmenrichtlinien für den Sportunterricht im Lande Hessen, Bd. II, Wiesbaden 1972.

(4) K. DIETRICH: Zur Kontroverse über die Lehrweise der Sportspiele, in: Beiträge zur Didaktik und Methodik der Leibesübungen, hrgg. v. J. Recla, K. Koch, D. Ungerer, Schorndorf 1972 — K. DIETRICH: Sportspiel und Interaktion, erscheint 1973 in: Beiträge zur Theorie des Spiels, hrgg. v. H. Scheuerl, Weinheim.

A. Einführung

> *„Wenn auf der Seite des Lernenden*
> *der ganze Mensch steht,*
> *so ihm gegenüber, auf der Seite der Sache,*
> *ebenfalls ein Ganzes,*
> *nicht ein schon Präpariertes, Hergerichtetes,*
> *Zerteiltes, Zerfächertes, Systematisiertes."*
>
> MARTIN WAGENSCHEIN (1)

Im vorliegenden Buch wird versucht, die Lehrweise im Schul- und Jugendfußball zu überdenken und in einem Lehrvorschlag neu zu fassen.

Zwei Umstände müssen besonders bedacht werden, da sie die Einführung des Fußballspiels in der schulischen Leibeserziehung erschweren.

1. Für ein einziges Spiel steht auch bei bester Lehrplanung nur eine begrenzte Unterrichtszeit zur Verfügung.
2. Fußball ist ein kompliziertes Spiel, das hohe Ballfertigkeit, körperliche Leistungskraft und ein ausgeprägtes Spielverständnis verlangt.

Diese Umstände zwingen den Lehrer, sich auf *wenige* unersetzbare Spiel- und Übungsformen zu beschränken, die *einfach* genug für den Anfänger, doch zugleich *grundlegend* für den gesamten Lehrgangsaufbau sind.

Um zu erkennen, *was* grundlegend wichtig ist, bedarf es genauerer Einsichten in die Sachstruktur des Fußballspiels. Die besondere Aufmerksamkeit gilt dabei weniger den technischen und taktischen Einzelleistungen des Spielers, sondern jenen immer wiederkehrenden, spielbestimmenden Situationen, in die Fußballspieler hineingestellt sind und in denen sie sich bewähren müssen, um erfolgreich zu sein (siehe Kap. A I. 1., Die Grundsituationen des Fußballspiels als Hauptthemen der Lehrarbeit).

Aufgabe des Schulunterrichts wie des Vereinstrainings wird es sein, diese Grundsituationen als Lernsituationen fruchtbar zu machen.

Dazu eignen sich eine Reihe „Kleiner Fußballspiele", in denen diese Grundsituationen des Fußballspiels in einfacher und prägnanter Form enthalten sind und die damit als *Grundformen des Fußballspiels* Bedeutung gewinnen (siehe Kap. A I. 2., Die Grundformen des Fußballspiels als Ausgangspunkte des Lehrgangs).

Die Unterrichtsbemühungen werden sich darauf konzentrieren, das regelrechte Fußballspiel aus den variablen Grundformen zu entwickeln und mit den Schülern Schritt für Schritt zu erarbeiten. Es bedarf dazu entsprechender methodischer Maßnahmen (siehe Kap. A II., Der Aufbau des Unterrichts).

Auswahl und Anordnung des Spiel- und Übungsgutes richten sich nach den Themen, die uns durch die drei *Grundsituationen des Spiels* gegeben sind (siehe Kap. B I.—III., Die Hauptthemen des Unterrichts).

In der Praxis werden die drei *Hauptthemen* des *Unterrichts* jedoch nicht nacheinander behandelt, sondern sie bleiben während des gesamten Spiellehrgangs aufeinander bezogen (siehe Kap. C, Aus dem Unterricht).

Da der vorliegende Lehrvorschlag in mancher Hinsicht von herkömmlichen Methoden des Spielunterrichts abweicht, werden neben den Begründungen im Text weitere Begründungszusammenhänge in den nachgestellten Anmerkungen gegeben (siehe Anmerkungen in Kap. D I.).

Die im vorliegenden Buch dargestellte Lehrweise ist über einige Jahre hinweg entwickelt und in der Praxis erprobt worden. Der Erfolg ermutigt zur Veröffentlichung. Wenn auch zunächst nur an den Schulfußball der Grund-, Haupt- und Weiterführenden Schulen gedacht war, so enthält es nach Meinung des Autors doch auch grundlegende thematische Anregungen für die Übungs- und Trainingsarbeit der Jugendlichen und Senioren im Verein. In dieser Fassung setzt sich das Buch nur das Ziel, Kindern und Jugendlichen das Fußballspiel zu erschließen, ihnen das Erlebnis und die Erfahrung des Fußballspielens zu vermitteln und sie damit am populärsten Sportspiel unserer Zeit teilhaben zu lassen.

I. Vereinfachung des komplexen Spielgebildes (2)

Die Frage nach den vielfältigen Anforderungen, die das Fußballspiel an die Spieler stellt, soll am Anfang der Überlegungen stehen, denn eben diese Anforderungen sind es, die in vereinfachter Form an den Lernenden herangetragen werden müssen.

In zahlreichen Lehrvorschlägen geht man von den Schwierigkeiten aus, die Anfängern erfahrungsgemäß entstehen, wenn sie unvorbereitet spielen. Schwierige Fertigkeiten werden daher vom Spielganzen isoliert und eingehend geübt, um damit die Voraussetzungen zur Teilnahme an einem Fußballspiel zu schaffen. Es wird betont, wer Fußballspieler werden wolle, müsse erst einmal den Ball stoßen können (Spann-, Innenseit-, Außenseit- und Kopfstoß); er müsse ebenso die Grundformen des Dribbelns und Ballstoppens beherrschen. Auch die isolierbaren taktischen Teilhandlungen (Freilaufen, Decken...) werden in ihren Grundzügen erst eingeübt, ehe man den Schüler dem Spiel selbst aussetzt.

Die Aufgliederung des großen Themenkomplexes Fußball in überschaubare Teilthemen wird jedem Lehrer als Vorteil erscheinen.

Die beträchtlichen Nachteile einer solchen Zergliederung werden uns erst deutlich, wenn wir den auf diese Weise aufgebauten Spielunterricht mit den Augen des Schülers sehen. Ihm bleibt in den meisten Fällen der Sinn der vorbereitenden Übungen verborgen, die ihre Bedeutung ja erst vom Spielganzen her erhalten. Das Ganze wird wiederum vom Schüler noch nicht überschaut, nicht zuletzt, weil es seiner Erfahrung vorläufig entzogen bleibt.

Die einzelnen Übungsformen, die unter dem Thema „Fußball" angeboten werden, entbehren gerade jener Handlungsdramatik, die das Fußballspielen für Jungen so reizvoll macht. Das komplexe Spielgebilde ist auf Teilvollzüge reduziert, die selbst nicht mehr als Fußballspielen empfunden werden können. All das lähmt die Übungsbereitschaft der Schüler. Der Lehrer sieht sich oft gezwungen, sie durch unsachgemäße, spielfremde Motivationen „bei der Stange zu halten".

Es wird deutlich, daß eine Vereinfachung des komplexen Spielgebildes sich nur im Blick auf den Schüler, auf seine Lernbereitschaft, Interessenslage und Spielfähigkeit hin vornehmen läßt.

Die Frage lautet also, wie ich Schüler, ohne sie zu überfordern, am Spiel teilhaben lassen kann. Es müßte gelingen, sie so in die Situationen des Spiels zu versetzen, daß sie sich als Fußballer fühlen, entsprechend handeln können und in diesen Situationen für das regelrechte Spiel lernen (3). Dazu müssen wir jedoch wissen, welches die charakteristischen Situationen eines Fußballspiels sind, in denen man sich als Fußballer vielfältig bewähren muß, um erfolgreich zu sein.

1. Die Grundsituationen des Fußballspiels als Hauptthemen der Lehrarbeit.

Das „Leitmotiv" der Sportspiele ist der „Kampf mit dem Gegner" (BERNETT) (4).

Näher betrachtet wird dieser Kampf mit dem Ziel geführt, Tore zu erzielen (Angriff) beziehungsweise Tore zu verhindern (Abwehr). Die Teilnahme an einem Spiel bedeutet eine dauernde Selbstprüfung innerhalb der Angriff-Abwehr-Situationen. Angriff und Abwehr sind die aufeinander bezogenen, untrennbar miteinander verbundenen Leistungen der Spieler und Mannschaften. Beobachtet man die Spieler bei ihren Angriffs- und Abwehraktionen, so findet man sie in drei deutlich unterscheidbare Spielsituationen verstrickt.

a) Gegen die deutlichste Angriffsaktion, den Torschuß, der zugleich angestrebter dramatischer Höhepunkt des Spiels ist, formiert sich die direkte Torabwehr.

Erste Grundsituation: Torschuß — Torabwehr.

b) Eine gut verteidigende Mannschaft wird die Möglichkeit des gegnerischen Torschusses durch geschicktes Abschirmen des Tores zu verhindern wissen.

Die Gegner werden ihrerseits versuchen, eine Schußlücke zum Tor zu öffnen, das Tor freizuspielen, um eine Schußgelegenheit zu erhalten.
Zweite Grundsituation: Herausspielen der Schußgelegenheit — Abschirmen des Tores.

c) Kommt die abwehrende Mannschaft in Ballbesitz, so baut sie vom eigenen Tor zum Gegner hin ihrerseits einen Angriff auf. Die Gegner stören diese Aufbauaktion möglichst schon im Ansatz.
Dritte Grundsituation: Aufbauen eines Angriffs — Stören des Angriffs.

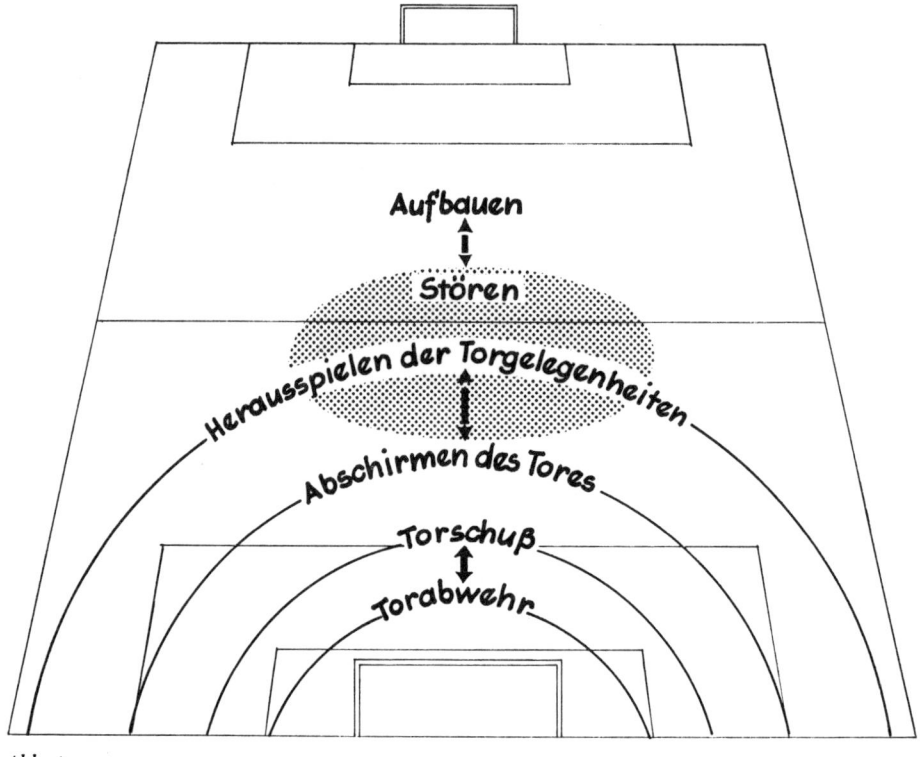

Abb. 1

Die typischen Leistungen, die Fußballspielern abverlangt werden, sind also: gegen die Störversuche der Gegner einen Angriff aufbauen, trotz geschickter Abschirmversuche der gegnerischen „Abwehrkette" eine Torgelegenheit herausspielen und durch zielsichere Torschüsse den Torhüter überwinden.

Dem dreiphasig gegliederten Angriff (Aufbauen — Herausspielen der Torgelegenheit — Torschuß) steht eine dreifach gestaffelte Abwehr (Stören — Abschirmen des Tores — Torabwehr) gegenüber (siehe *Abb. 1*).

Je nach der Position der Spieler im Raum nehmen ihre Angriffs- und Abwehraktionen eine bestimmte beschreibbare Form an. Wechselt der Ball von einer Mannschaft zur anderen, so werden die Rollen blitzschnell vertauscht. Jeder Spieler kann an jeder Stelle des Feldes vom Angreifer zum Verteidiger werden und umgekehrt.

Ein guter Fußballspieler muß deshalb gleichermaßen Angriffs- und Abwehraufgaben übernehmen können. Fußballspielen lernen hieße demnach: in den o. a. Grundsituationen in zunehmendem Maße Erfahrungen sammeln, diese Situationen immer besser durchschauen und sie durch angemessene Aktionen lösen lernen.

Ob man nun Kinder, spielunerfahrene Jugendliche oder Erwachsene in das Spiel einführt oder ob Trainer Mannschaften auf den Wettkampf vorbereiten — in allen Fällen bieten sich „Torschuß und Torabwehr", „Herausspielen von Torgelegenheiten und Abschirmen des Tores", „Aufbauen und Stören" als Hauptthemen der Lehrarbeit an (5).

2. Grundformen des Fußballspiels als Ausgangspunkte des Lehrgangs.

Damit ist der Inhalt des Unterrichts auf wenige grundlegende Themen beschränkt. Es geht nun darum, Aufgaben zu formulieren, die den Lernenden in die Grundsituationen des Fußballspiels hineinstellen.

In das Spiel kann nur eingeführt werden, wenn durch die Art der Aufgabe echtes Spielen möglich wird. Es müßten also einfache *Spielaufgaben* gefunden werden, die einerseits durch die darin enthaltenen Lernsituationen Übungswert besitzen, die aber zugleich von den Schülern als Fußballspiele empfunden werden (6).

Die altersspezifische Bildsamkeit der Schüler unterstreicht die Berechtigung und die Notwendigkeit dieser didaktischen Forderung. Die Bereitschaft von Kindern und Jugendlichen, für ein in weiter Zukunft liegendes Ziel planmäßig zu üben, ist erfahrungsgemäß gering.

Gerade die Jüngeren und Ungeübteren drängen auf Gegenwartserfüllung; sie wollen jetzt und hier spielen (7).

Die Suche nach spielgemäßen Formen verspricht vor allem dort Erfolg, wo eine Begegnung zwischen Kind und Fußball ohne pädagogische Führung stattfindet — in der freien Spielwelt der Jugend (8).

Dort übt die außerordentliche Popularität des Fußballspiels ihren zwingenden Einfluß aus und spiegelt sich in eigener Weise wieder. Der Grundgedanke des Spiels scheint schon Sechsjährigen verständlich, denn sie spielen bereits auf ihre Weise Fußball.

In der freien Spielwelt der Kinder finden wir die Modelle für die Vereinfachung des „Großen Spiels" zu „Kleinen Fußballspielen". Es bliebe zu überprüfen, welchen Spielen aus dem reichhaltigen Formenbestand der freien

Spielwelt Übungswert für die Erlernung des regelrechten Fußballspiels zukommt: das heißt in welchen wir die o. a. Grundsituationen verwirklicht finden.

Die Grundsituationen „*Torschuß — Torabwehr*" sind in allen „*Torschußspielen*" der Kinder und Jugendlichen enthalten. Das Spiel „Schuß-Tor" kann man als die einfachste Grundform bezeichnen (siehe *Abb. 2*).

Abb. 2

Die Grundsituation „*Herausspielen der Torgelegenheiten und Abschirmen des Tores*" ist in den „*Kampfspielen auf ein Tor*" enthalten. Als Grundform

Abb. 3

dieser Gruppe von Fußballspielen kann das Spiel „Einerdribbling" gelten (siehe *Abb. 3*).

Die Grundsituation *Aufbauen — Stören* tritt erst in den *„Kampfspielen auf zwei Tore"* auf. Auch diese Gruppe von Spielen läßt sich auf eine Grundform zurückführen: „Drei gegen drei auf zwei Tore mit Tormann" (siehe *Abb. 4).*

Abb. 4

Es zeigt sich bei genauerer Betrachtung, daß die Grundsituationen des regelrechten Fußballspiels in der freien Spielwelt nicht gleichrangig sind. Die Spielsituation „Aufbauen — Stören" wird nicht für sich allein in einem eigenen Spiel gestaltet, sondern sie tritt nur in Verbindung mit den beiden anderen auf. Auch das „Herausspielen der Torgelegenheiten und Abschirmen des Tores" zielt immer auf „Torschuß und Torabwehr". „Torschuß — Torabwehr" kann daher als die grundlegende Spielsituation des Fußballspiels überhaupt bezeichnet werden, die allen anderen erst ihren Sinn verleiht. Sie wird von den Jüngsten als erste verstanden und in den „Torschußspielen" gestaltet.

Die „Kampfspiele auf ein Tor" erscheinen demgegenüber um eine Spielsituation (Herausspielen der Torgelegenheiten — Abschirmen des Tores) erweitert.

Erst in den „Kampfspielen auf zwei Tore" wird das vollständige Handlungsgefüge des regelrechten Fußballspiels in seiner Grundstruktur erreicht.

Der Blick auf die freie Spielwelt der Jugend hat uns damit nicht nur das grundlegende Spielgut für die Gestaltung der drei Hauptthemen erbracht, sondern zugleich ein sachorientiertes Aufbauschema der Unterrichtsthematik (siehe *Abb. 5).*

Ein Teil der in der freien Spielwelt der Jugend vorhandenen „Torschußspiele" und „Kampfspiele" auf ein und zwei Tore erfüllen alle Kriterien der einfachen, spielerschließenden Form (siehe Anmerkung 2).

Einige Eigenschaften dieser Spiele, die für die Unterrichtsgestaltung von Bedeutung sind, gilt es hervorzuheben:

1. Jene als entscheidend erkannten Grundsituationen eines Fußballspiels sind in den „Kleinen Fußballspielen" in prägnanter Form enthalten; darin liegt ihr besonderer Übungswert für die Erlernung des regelrechten Fußballspiels.

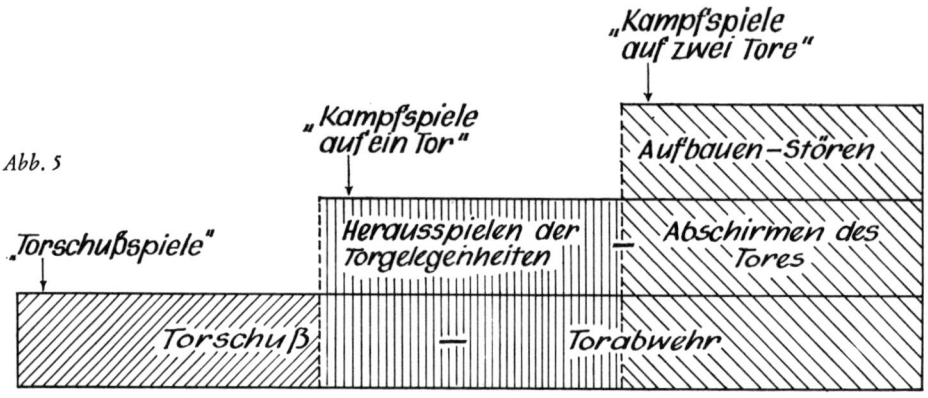

Abb. 5

2. Obwohl in den „Torschußspielen" und „Kampfspielen auf ein Tor" nur eine beziehungsweise zwei Teilsituationen des regelrechten Fußballspiels beinhaltet sind, repräsentieren sie für die Kinder doch das Ganze des Spiels.

3. Auch Jüngeren und Leistungsschwächeren ermöglicht die Einfachheit dieser Spiele die Erfahrung und das Erlebnis des Fußballspielens.

4. Ihr Spielgedanke ist leicht verständlich und kann mit wenigen Worten vermittelt werden; die Spielhandlung bleibt durch Beschränkung auf kleine Spielerzahlen und die Errichtung entsprechender Spielfelder für Lehrer und Schüler überschaubar.

5. Die Einfachheit der „Kleinen Fußballspiele" macht sie anpassungsfähig wechselnden äußeren Bedingungen gegenüber, denn Spielfeld- und Torgröße, die Art des Balles, die Zahl der Mitspieler und die Art der Spielregelung sind veränderlich (9).

6. Ihre Variabilität macht sie entwicklungsfähig hin zu komplexeren Formen, das heißt, sie lassen sich weiter ausgestalten und schrittweise zum regelrechten Fußballspiel hin erweitern.

7. Die Vielfalt der „Kleinen Fußballspiele" und ihre Verbreitung in der freien Spielwelt der Jugend zeigen, daß Kinder schon früh das Spiel selbst organisieren und gestalten können. Diese Fähigkeit kann im Unterricht organisatorisch genützt und weiterentwickelt werden.

II. Der Aufbau des Unterrichts

Nachdem nun die grundlegenden Unterrichtsthemen und das Spielgut bestimmt sind, bleiben in bezug auf den methodischen Aufbau des Lehrgangs folgende Fragen offen:

1. Wie können die Ansprüche, die das Sportspiel als Mannschafts-, Kampf- und Leistungsspiel stellt, der Entwicklung der Schüler angemessen, schrittweise erfüllt werden?
2. Wie lassen sich dann die konkreten Aufgaben der Leistungsfähigkeit des Lernenden anpassen?
3. Wie kann das Spielgut angeordnet werden?
4. Welche weiteren Möglichkeiten ergeben sich, das Spielkönnen zu steigern?

1. Die Ansprüche des Spiels und die Art ihrer Akzentuierung im Unterricht.

Das Fußballspiel wird mit gleichem Recht als Mannschafts-, Kampf- und Leistungsspiel bezeichnet (10). In jeder dieser Bezeichnungen liegt ein objektiver Anspruch, dem der Lehrer seinen Schülern gegenüber zum Recht verhelfen muß. Diese im Unterrichtsgegenstand selbst liegenden sachlichen Ansprüche können von Kindern nur schrittweise im Verlauf des Lehrgangs erfüllt werden. Eine mögliche Stufung der Anforderungen soll hier kurz angedeutet werden. Im praktischen Teil des Buches finden sich dazu konkrete Vorschläge. Wann die einzelnen Schritte zu unternehmen sind, kann nur vom Lehrer selbst aufgrund des allgemeinen Entwicklungsstandes und der Spielerfahrungen seiner Schüler entschieden werden.

Betrachten wir Fußball zunächst als *Mannschaftsspiel!*

Eine Mannschaft kann nicht schon von Achtjährigen gebildet werden. Es bleibt also zu fragen, welche Gemeinschaftsformen Achtjährigen gemäß sind und wie sich daraus Mannschaften entwickeln lassen. Die freien Spiele der Jugend geben hier wieder einen wichtigen Hinweis. Ihre „Torschußspiele" sind Parteispiele, und selbst die „Kampfspiele" werden von den Jüngeren noch als Parteispiele ausgetragen. Es zeigt sich also, daß Kinder Fußball nicht unbedingt in Mannschaften spielen müssen.

Dennoch bleibt die Mannschaft Ziel des Spielunterrichts. Mit Parteispielen könnte begonnen werden (Torschußspiele und in Parteiform ausgetragene Kampfspiele). Beim Durchspielen der „Kleinen Kampfspiele" kann der Lehrer durch die Art der Gruppeneinteilung und durch geschickt formulierte Spielaufgaben die Entwicklung zum Mannschaftsspiel fördern (siehe konkrete Hinweise auf Seite 41 f. und 68 f.).

Betrachtet man Fußball als *Kampfspiel*, so müßte entsprechend der Bildungslage der Schüler entschieden werden, mit welchem Gewicht der Wetteifer zum Antriebsmoment der kindlichen Spielhandlung gemacht werden kann. Die freien Spiele der Jugend bleiben oft vom starken Druck des Wetteifers entlastet, vor allem dann, wenn Kinder Fußball nur als Rollenspiel betreiben (z. B. Tormann und Torschütze, „Radi" und Uwe Seeler), ohne in strengem Wettkampfreglement Sieger und Besiegte zu ermitteln. Im Unterricht könnte also vor dem reglementierten Wettspiel das wetteiferentlastete Rollenspiel stehen. Eine weitere Stufung der Anforderungen liegt zwischen dem indirekten Leistungsvergleich bei den Torschußspielen und den direkten körperlichen Auseinandersetzungen in den Kampfspielen. Das Spielreglement (Zählweise und Regelung des periodischen Verlaufs) läßt sich außerdem so formulieren, daß der Wetteifer als Handlungsmotiv mehr oder weniger betont auftritt. In Spielturnieren kann der Anspruch des Fußballspiels als Kampfspiel voll erfüllt werden (siehe dazu Hinweise auf Seite 84—87).

Fußball wird als Sportspiel zum *Leistungsspiel*. Es kann nicht Ziel der schulischen Leibeserziehung sein, dem sportlichen Anspruch voll zu genügen. Erstes Ziel ist es, möglichst alle Schüler ins Spiel zu bringen und eine angemessene Spielhaltung zu fördern.

Zur Verbesserung des Spielkönnens muß dann langsam auch die Bereitschaft wachsen, wichtige Teilleistungen zu üben. Zur sportlichen Ausübung des Fußballspiels bedarf es eines ausgeprägten Leistungswillens, der seinen Ausdruck in der Trainingsbereitschaft des Sportspielers findet.

2. Angemessene Spielaufgaben durch Abwandlung der Spielformen.

Der Schüler kann die Ansprüche, die das Sportspiel Fußball an ihn stellt, nur schrittweise erfüllen.

Die Variabilität der „Kleinen Fußballspiele" erlaubt es nun, die Leistungsanforderungen durch die Art der Aufgabenstellung angemessen zu dosieren. Wie und was kann an einer Spielform abgewandelt werden, und was läßt sich dadurch erreichen?

Veränderung der Spielerzahl

Kleinere Spielerzahlen erhöhen die Bewegungsintensität des einzelnen, bringen ihn in häufigeren Ballkontakt und machen das Spiel taktisch überschaubarer. Große Spielerzahlen erfordern einen ausgeprägten „Mannschaftsgeist", ein Mitdenken und Mitspielen, soll das Spiel mehr sein als eine Summe von Einzelaktionen.

Veränderung der Spielfeld- und Gerätemaße

Ein großes Spielfeld ermöglicht ein weiträumiges, laufintensives Spiel. Das kleine Spielfeld führt zu engmaschigen Aktionen, fordert Sicherheit am Ball und schnelles Handeln.

Das große Tor reizt zu schußbetontem Spiel. Vor dem kleinen Tor müssen die Torgelegenheiten zügig und eindeutig herausgespielt werden.
Ein gut springender Gummiball erfordert hohes Ballgefühl, ein weich aufgepumpter Lederball läßt sich leichter bewältigen, ein Stoffball schließlich ermöglicht auch jenen ein gelungenes Spiel, die noch unsicher im Ballstoppen sind.

Veränderung der Spielregel

Hier kann einmal der Spielverlauf anders geregelt werden. Dazu ein Beispiel: Um das Zusammenspiel zu fördern, werden jedem Spieler nur drei Ballberührungen hintereinander erlaubt. Nach drei Berührungen muß der Ball einem Mitspieler abgegeben worden sein, oder der Gegner bekommt den Ball.

Durch die Art der Zählweise können ganz bestimmte Leistungen bevorzugt bewertet werden.

In der auf Seite 29 f. vorgeschlagenen Spielreihe werden die Leistungen des Tormannes und die des Torschützen zum Beispiel gleichermaßen belohnt.

Ein anderes Beispiel: Die Einführung der Abseitsregel schränkt die Aktionen der Stürmer ein, erleichtert es dagegen den Abwehrspielern, ihr Tor abzuschirmen.

All diese Abwandlungen der Spielform und die Akzentuierung bestimmter Situationen bleiben sinnlos, solange die besonderen Anforderungen, die das Spiel dadurch stellt, vom Schüler nicht verstanden werden. Gerade die weniger Spielerfahrenen erkennen neue Situationen, die durch Abwandlungen geschaffen werden, nicht unvermittelt. Es bedarf hier erst der Hilfe des Lehrers, der sich hinter die sachlichen Forderungen des Spiels stellt (11), sie den Schülern bewußt macht und hilft, sie besser zu erfüllen. Der Lehrer beziehungsweise Übungsleiter hat dazu verschiedene Möglichkeiten:

— er kann in kurzzeitigen, nicht zu häufigen Unterbrechungen das Gelingen beziehungsweise Nichtgelingen des Spiels besprechen und mit den Schülern gemeinsam bessere Lösungen erwägen;

— er kann durch Zurufe einzelnen Spielern oder einer ganzen Mannschaft helfen.

— Taktische Grundkonstellationen, die immer wieder auftreten und noch nicht bewältigt werden, können hervorgehoben, Lösungsmöglichkeiten besprochen und schematisch demonstriert werden.

— Der Lehrer kann durch eigenes Mitspielen einzelne Spielfunktionen beispielhaft verdeutlichen und aufzeigen, wie die Forderungen, die an bestimmte Mannschaftsteile gestellt sind, erfüllt werden können.

Um all diese Hilfen zum richtigen Zeitpunkt geben zu können, muß der Lehrer Zeit zum Beobachten haben. Die für den weiteren Verlauf des Spiellehrgangs zu planenden Maßnahmen können um so gezielter und wirkungsvoller sein, je genauer der Lehrer den Leistungsstand seiner Schüler kennt.

Dadurch daß sich die „Kleinen Fußballspiele" organisatorisch selbst tragen und auch ohne ständiges Dirigieren ablaufen, hat der Lehrer die Bewegungsfreiheit, das Spiel der einzelnen Gruppen zu beobachten und spielfördernde Hilfen zu geben.

3. Planmäßige Entwicklung der Spielfähigkeit durch Spielreihen (12).

Die Variabilität der „Kleinen Fußballspiele" erlaubt ihre Ausgestaltung und schrittweise Erweiterung zum regelrechten Fußballspiel hin. Die Grundformen des Fußballspiels, die Brauchformen, wie sie Kinder draußen spielen, und die vom Lehrer gezielt zubereiteten Formen lassen sich unter methodischen Gesichtspunkten aneinanderreihen. Zwei grundsätzliche Möglichkeiten der Spielreihung ergeben sich: Einmal ist eine Spielreihe denkbar, die von „Torschußspielen" ausgeht und über „Kampfspiele auf ein Tor" zu „Kampfspielen auf zwei Tore" führt. Hier würde also die Spielhandlung um jeweils eine Grundsituation des regelrechten Fußballspiels strukturell erweitert.

Dann gibt es die Möglichkeit, innerhalb eines Themas (z. B. „Torschuß — Torabwehr") zu verweilen und Spielaufgaben (z. B. mehrere „Torschußspiele") aneinanderzureihen, durch die der Schüler lernt, all die Anforderungen, die diese *eine* Spielsituation an ihn stellt, immer besser zu bewältigen (siehe die Spielreihe „Tore schießen aus allen Lagen" Seite 29).

Die in Kapitel B aufgeführten Spielreihen sind Beispiele. Es wird mitunter ratsam sein, sie ganz anders zusammenzustellen — mehr oder weniger Spiele aufzunehmen, sie über eine kürzere oder längere Zeit zu planen, oder den Reihen nur einzelne Spiele zu entnehmen.

Der Begriff der Spielreihe kann zu Mißverständnissen führen. Das Durchlaufen einer Spielreihe wird in den seltensten Fällen identisch mit dem Leistungsfortschritt des Schülers sein.

Der Lernvorgang läßt sich nicht zu Spielreihen allgemeinverbindlich objektivieren; er muß je nach Unterrichtssituation immer neu geplant werden.

Keinesfalls darf sich der Unterricht im bloßen Durchspielen aneinandergereihter Formen erschöpfen. Ebenso wichtig ist das Verweilen bei einem einzigen Spiel, in dem der weniger erfahrene Schüler erst einmal mitzuspielen lernt. Vielleicht ist es anfangs lediglich ein Mitschwimmen im allgemeinen Strom des Spielgeschehens, bis er dann in der Lage ist, erst einfache Teilfunktionen und dann alle Aufgaben innerhalb einer Mannschaft zu übernehmen.

4. Steigerung des Spielkönnens durch ergänzende Übungsaufgaben.

Ein Spielunterricht, der vornehmlich Übung an Übung reiht, verfehlt zwangsläufig sein Ziel. Angemessenes Spielverhalten läßt sich nur im Spiel selbst erlernen. Auch ein großes Maß an Ballfertigkeiten und taktischer Spieleinsicht lassen sich durch die Art der Spielaufgaben und der Lehrerhilfen im Spiel selbst gewinnen.

Je mehr allerdings Fußball als sportliches Kampfspiel ausgetragen wird, um so mehr gewinnen einzelne Fertigkeiten und Taktiken spielentscheidende Bedeutung. Das „spielimmanente Lernen" sollte dann durch das Üben spezieller Details ergänzt werden. „Pädagogisch sinnvoll und gerechtfertigt scheint spezielles Üben von Fertigkeiten erst in dem Stadium, in dem die Schüler schon von sich aus Interesse zeigen, und das Üben als im Dienst des Spiels stehend erfahren wird" (13). Der Spieler muß also nicht nur wissen, was und wozu er übt, er muß auch von der Wirksamkeit des Übens auf seine Spielleistungen überzeugt werden. Das was geübt wird, sollte vorher vom Schüler als spielbehindernder Mangel erfahren sein.

„Spielgemäß üben" hieße demnach, sich im Spiel und durch Spielen üben (spielimmanentes Lernen).

Andererseits bedeutet „spielgemäß üben" aber auch, spielbezogene und sachgerecht motivierte Übungsaufgaben lösen.

Die konkret formulierten Übungsaufgaben im Hauptteil dieses Buches sind Beispiele, die sich auf einige wichtige Einzelfertigkeiten im Rahmen der Hauptthemen beschränken. Auf sie kann je nach Spielerfahrung der Schüler verzichtet werden; ebenso kann eine Erweiterung der Aufgaben nötig erscheinen, etwa dann, wenn es beim Vereinstraining darum geht, einzelne Spieler auf spezielle Aufgaben vorzubereiten.

Der Begriff des „spielimmanenten Lernens" zeigt, wie schwer sich Spielen und Üben voneinander trennen lassen. Jugendliche und Erwachsene erreichen in den meisten Fällen so viel Einsicht in das Spiel, daß sie den Übungswert der einfachen Spielformen, wie sie auch Kinder spielen, erkennen. Für die leistungswilligen und erfahrenen Spieler können daher die „Kleinen Fußballspiele" durchaus zur Übung betrieben werden und je nach Übungsbereitschaft die Härte und Wirksamkeit einer Trainingsaufgabe annehmen. Ein einfaches „Kampfspiel auf ein Tor" kann für Achtjährige den Inbegriff des Fußballspielens darstellen. Für Sportspieler kann das gleiche Spiel zu einer komplexen Übung werden, die technische, taktische und körperliche Anforderungen vereint. Was Übung ist und was Spiel, hängt damit auch von der Haltung des Lernenden ab. Eine Spielaufgabe führt nicht automatisch schon zum Spielen; sie kann aber die Bedingungen dazu schaffen.

Gerade in der schulischen Leibeserziehung sollte sich der Lehrer „hinter die Forderungen des Spiels stellen" (SCHEUERL), um jene besondere Atmosphäre zu ermöglichen, die allein wir als Spiel empfinden. Es gehört dazu:

— sich Zeit zu nehmen für die Vorbereitung der Spielzeit (Einstimmung, Klarheit der Spielaufgabe, -handlung und -regel),

— in einer Unterrichtsstunde nicht von einer Spielform zur anderen zu „hetzen", sondern bei einer Auswahl weniger Formen gemäß der Hauptthemen zu verweilen und

— die Spielgruppen mit Sorgfalt zusammenzustellen und sie über eine längere Zeit zu erhalten.

B. Die Hauptthemen des Unterrichts

I. Torschuß und Torabwehr

Seinen dramatischen Höhepunkt findet das Fußballspiel unmittelbar vor dem Tor. Die Spielsituation Torschuß — Torabwehr ist die am meisten spannungsgeladene; Tormann und Torschütze spielen hier die hervorragenden Rollen. Es gibt eine Reihe erlernbarer Fertigkeiten, die beide beherrschen müssen, um besser bestehen zu können. Der Torschütze muß zielsicher und fest schießen. Er muß den ruhenden, rollenden, springenden und den fliegenden Ball mit dem Fuß oder mit dem Kopf aus den verschiedensten Lagen ins Tor bringen können. Er muß aus dem Stand und im Sprung, aus dem gemächlichen Dribbling, viel öfter aber aus einer blitzschnellen Wendung, nach einem kurzen Antritt oder aus einem langen und schnellen Lauf schießen können.

Abb. 6

Der Torwart muß im Stand, im Sprung und im Hechten die flachen und die hohen Flugbälle fangen und fausten können.

Es ist nicht verwunderlich, daß diese dramatischste Situation eines Fußballspiels im ungelenkten Freizeitspiel der Jugend immer wieder gesucht und in „Torschußspielen" gestaltet wird.

Aus der Vielzahl ihrer Torschußspiele werden einige Brauchformen beschrieben, die sich für den Unterricht eignen.

1. Torschußspiele

a) „Schuß — Tor!"
Hans ist Tormann, Fritz Schütze. Hier geht es weder um Punkte noch um Sieg. Es werden lediglich die beliebten Rollen des Torhüters und des Torschützen durchgespielt *(Abb. 6, Foto 1)*.

b) „Elfmeter-König"
Hans ist neutraler Tormann. Zwei bis fünf andere Spieler schießen in fester Reihenfolge nacheinander aufs Tor. Wer nach fünf (oder zehn) Versuchen die meisten Tore erzielt hat, ist Elfmeter-König. Bei Torgleichheit gibt es ein „Stechen" *(Abb. 7)*.

Abb. 7

c) „Abschrubben".
Drei bis sieben Teilnehmer schießen in fester Reihenfolge aufs Tor. Jeder Spieler hat ein „Konto" von zehn Punkten, die er verlieren kann, wenn er als Tormann einen Ball durchläßt. Jeder erfolglose Schütze wechselt ins Tor. Der Tormann, der einen Ball durchläßt, verliert nicht nur einen Punkt; er muß auch weiterhin im Tor bleiben. Der Spieler, der keine Punkte mehr hat, scheidet aus. Wer sein Punktekonto am besten verteidigt, wird Sieger.

d) „Elfmeterstechen"
Drei bis sieben Spieler schießen nacheinander aufs Tor. Das Los entscheidet, wer zuerst das Tor hüten muß. Jeder Spieler, der als Tormann einen Ball durchläßt, scheidet aus dieser Spielrunde aus. Wer am Ende übrigbleibt, bekommt als Sieger einen Punkt.

Der Spieler, der nach mehreren Spielrunden zuerst fünf Punkte erreicht, ist Gesamtsieger.

Abb. 8

e) „Mannschaftskicken"
Hier spielen nicht Einzelspieler, sondern „Zweiermannschaften" gegeneinander. Die gemeinsam erzielten Punkte beziehungsweise Tore entscheiden über Sieg und Niederlage. Zählweise wie bei Spiel c) oder d) *(Abb. 8)*.

Abb. 9

f) „Köpfen"
Ein oder zwei Spieler stehen sich in zwei Toren gegenüber. Torabstand 4—6 m, Torgröße 4 m (bei zwei Spielern 6 m).

Durch Kopfstöße wird versucht, beim Gegner ein Tor zu erzielen. Wer mit dem Kopf abwehren kann, darf von der Mittellinie aufs Gegnertor köpfen. (Weitere Varianten dieses Spiels sind in die Spielreihe „Tore mit dem Kopf erzielen", Seite 31 f. eingefügt) *(Abb. 9, Foto 3)*.

g) „Hin und Her"
Es wird zwischen zwei Toren „hin und her" geschossen. Der Torabstand beträgt je nach Schußfähigkeit und Torgröße 10—20 m. Die Zählweise kann von den Spielern selbst bestimmt werden. Bei entsprechender Vergrößerung des Tores können auch zwei gegen zwei spielen *(Abb. 10)*.

Abb. 10

h) „Zweierpokal"
Wie beim Mannschaftskicken spielen zwei bis vier Partnergruppen gegeneinander. Jedes Paar hat zusammen sechs Versuche. Springt der Ball vom Tor oder von den Tormännern ins Feld zurück, so darf er von den Schützen aufgenommen werden. Einer der Tormänner darf das Tor verlassen, um sich den Ball zu erkämpfen. Die Schützen versuchen ihn auszuspielen und aus diesem Kampf ein Tor zu erzielen.
Jedes Paar muß einmal ins Tor. Der „Pokal" wird in einem Turnier, das sich über mehrere Spielrunden erstreckt, ausgespielt *(Abb. 11, Foto 2)*.

i) „Abpraller"
Hier stehen sich Zweiergruppen gegenüber. Wie beim Spiel „Hin und Her" versucht man dem Gegner ein Tor zu schießen. Die abwehrende Gruppe darf dabei jedoch den Ball ins Feld „abprallen" lassen. Der Gegner zeigt durch Verbleiben auf der Torlinie an, daß selbst aus verkürztem Abstand geschossen werden darf. Ist die Schußentfernung jedoch zu

Abb. 11

gering, verläßt er das Tor und stellt sich dem direkten Kampf im Feld. Beide Parteien dürfen aus diesem Kampf ein Tor erzielen *(Abb. 12)*.

Abb. 12

Die beiden zuletzt beschriebenen Spiele zeigen in ihrer Spielhandlung bereits einen Übergang zu den „Kampfspielen auf ein und zwei Tore". Beim Spiel

"Abpraller" können sich die Spieler, je nach Interesse oder taktischer Lage, entweder für das ruhigere Auf-Tore-Schießen oder für das kampfbetonte, bewegungsintensive Kampfspiel entscheiden.

Abb. 13 a

Abb. 13 b

2. Spielreihen

a) „Tore schießen aus allen Lagen"
Um im Unterricht nicht dauernd „umbauen" zu müssen, wird möglichst für alle Spiele einer Reihe durchgängig die gleiche Organisationsform beibehalten. Variiert wird hier nur die Lage, aus der geschossen wird.

Das Tor (4—6 m groß) wird von beiden Seiten abwechselnd beschossen. Nur wenn der Ball vom Tormann zurückprallt, darf der Schütze zulaufen und nachschießen *(Foto 5, Abb. 13 a und b)*.

Wer ein Tor erzielt, geht ins Tor. Wer nach einer bestimmten Zeit am häufigsten Tormann war, ist Sieger.

Eine andere Zählweise: Wer mit seinem Schuß *keinen* Erfolg hat, muß ins Tor; der Tormann, der einen Ball durchläßt, muß im Tor bleiben; der Torschütze bekommt einen Pluspunkt.

Oft ist es sinnvoll, die Zählweise von den Schülern selbst finden zu lassen. Je nach Interesse der Spieler kann auf die Bestimmung eines Siegers auch ganz verzichtet werden.

Die beiden hier vorgeschlagenen Zählweisen haben den Vorteil, daß die Leistungen des Tormanns und des Schützen gleichermaßen „belohnt" werden.

1. Schießt den ruhenden Ball aus etwa 10 m Entfernung!
2. Laßt den Ball aus der Hand auf dem Boden aufspringen und schießt dann aufs Tor!
3. Schießt ihn direkt aus der Hand!
4. Wer kann ohne anzulaufen aus dem Stand kräftig und genau schießen?
5. Versucht es im „Dropkick"! *(Abb. 13 a.)*
6. Dribbelt mit dem Ball und schießt aus dem Laufen aus etwa 10 m Entfernung (aus der Mitte, von rechts, von links)!
7. Dribbelt mit dem springenden Ball aufs Tor los und schießt (aus der Mitte, von links und rechts)!
8. Laßt euch den Ball vom Tormann leicht zurollen und schießt, ohne ihn anzuhalten, aufs Tor!

b) „Tore schießen aus dem Zuspiel"
Spielfeld 30 m lang, Tore 7 m, Spielerzahl zwei gegen zwei. Abwechselnd wird zugespielt und geschossen; ein Spieler der jeweils abwehrenden Partei ist im Tor, der andere holt den Ball.

1. Aus dem Steilpaß
Von der Grundlinie des eigenen Tores aus wird der Ball steil ins gegnerische Feld gepaßt und vom Mitspieler aus etwa 12—15 m geschossen *(Abb. 14)*.

2. Aus dem Diagonalpaß *(Abb. 15)*.
3. Aus dem Querpaß, dem ein Dribbling vorausgegangen ist *(Abb. 16)*.
4. Aus dem Rückpaß
   Der Rückpaß erfolgt nach einem Dribbling aufs gegnerische Tor *(Abb. 17)*.

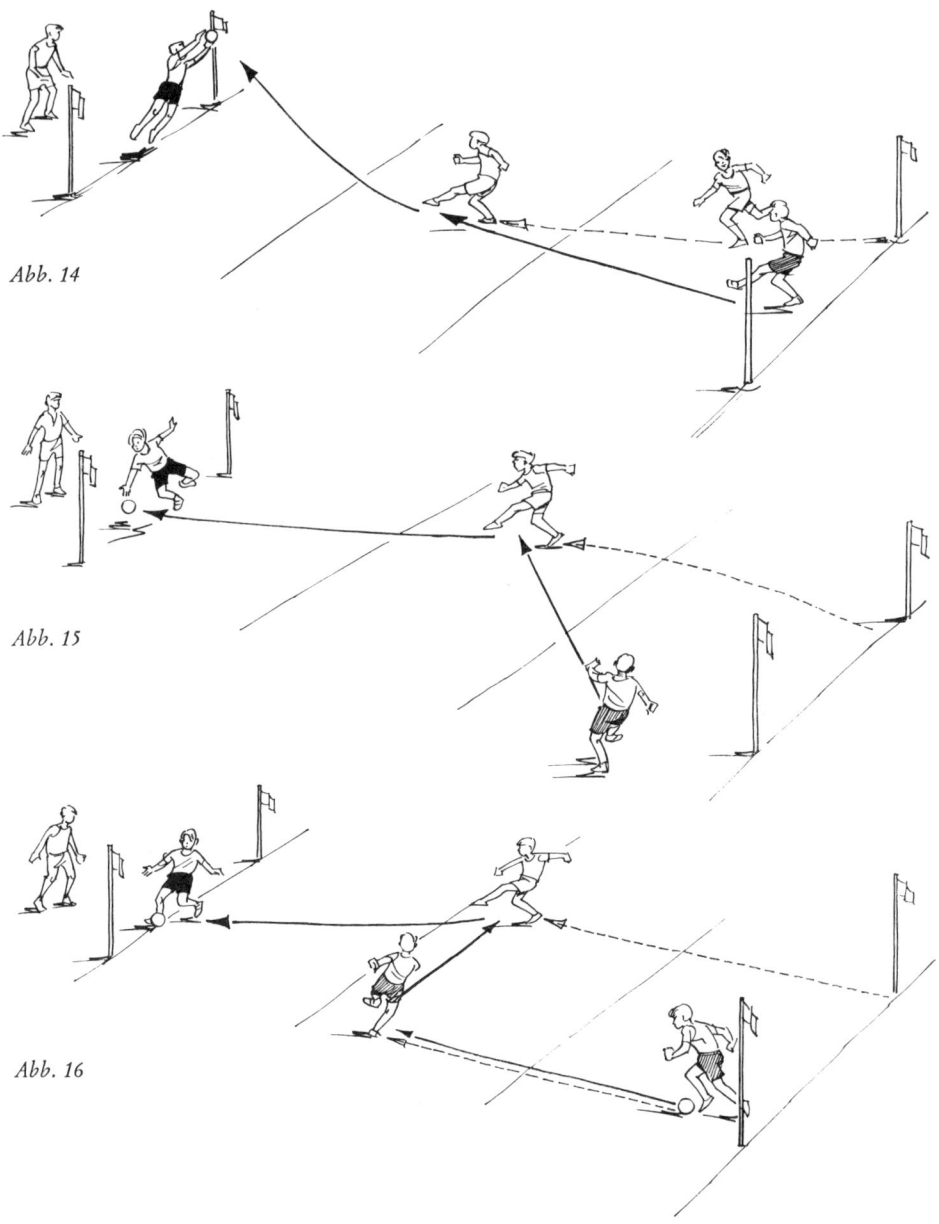

Abb. 14

Abb. 15

Abb. 16

5. Das Zuspiel wie bei den Spielen 1—4. Der herauslaufende Torwart muß umspielt werden *(Abb. 18)*.

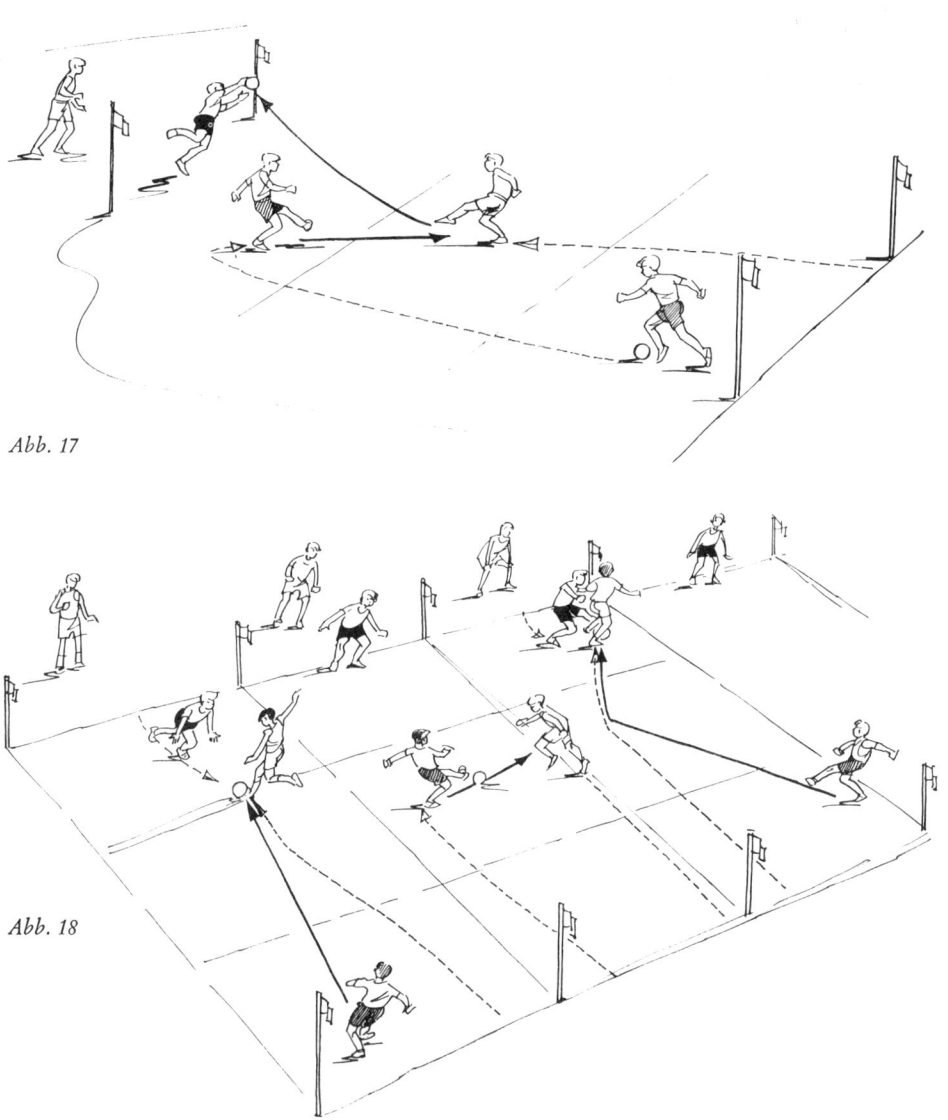

Abb. 17

Abb. 18

c) „Tore mit dem Kopf erzielen"
1. Der Tormann wirft den Ball seinen Mitspielern zu, die nacheinander versuchen, ein Tor zu köpfen *(Abb. 19)*.

Abb. 19

Abb. 20

2. Werft euch den Ball selbst hoch und versucht ein Tor zu köpfen! Wer den Ball mit dem Kopf abwehren kann, darf von der Mittellinie aus köpfen. Der Abstand der Tore muß gering genug sein, um einen Schußerfolg zu ermöglichen *(Abb. 20)*.

3. Kopfball mit „Einschänken"
Es spielen zwei gegen zwei. Die Spielpartner werfen sich den Ball von der Mittellinie aus zu *(Abb. 21, Foto 4)*.

BILDTAFEL I

Foto 1 Torschütze und Tormann

Foto 2 „Zweierpokal"

BILDTAFEL II

Foto 3   Kopfballspiel

Foto 4   Kopfball mit „Einschänken"

Foto 5   Torschußspiel in der Dreiergruppe — Das Tor wird von beiden Seiten beschossen. Das lästige und zeitraubende Ballholen entfällt.

4. Wie Spiel Nr. 3, der Ball wird jedoch jetzt zugeköpft, statt mit der Hand „eingeschänkt" *(Abb. 22)*.

Abb. 21

Abb. 22

5. Köpft euch den Ball von der Grundlinie des eigenen Tores aus zu! Versucht bis höchstens 2 m an das Tor der Gegner heranzukommen und dann ein Tor zu erzielen! Fällt der Ball auf den Boden, bekommt ihn der Gegner *(Abb. 23)*.

6. Flankt den Ball vor das Gegentor und versucht dann ein Tor zu erzielen. Jede Partnergruppe hat zehn Flanken (jeder Spieler 5).
Welche Partei verwandelt die meisten Flanken mit dem Kopf *(Abb. 24)*?

Abb. 23

Abb. 24

d) „Tore erzielen aus hohen Flanken"
Die nun folgenden Spiele werden vor einem Tor ausgetragen. Es sind verschiedene Spielregelungen möglich (siehe Spiel 6 der Spielreihe c). Spielreihen „Vom Leichten zum Schweren" lassen sich nun unter verschiedenen Gesichtspunkten zusammenstellen.

Erschwerung des Torschusses

1. Der geflankte Ball darf angehalten werden, aber vor dem Torschuß nur einmal den Boden berühren;

Abb. 25

2. der Ball darf angehalten werden, aber den Boden nicht berühren;
3. die Flanke muß direkt mit dem Kopf oder dem Fuß aufs Tor weitergeleitet werden;
4. wie drei, jedoch nur mit dem Kopf *(s. Foto 6 und 7)*;
5. die Flanke muß direkt mit dem Fuß weitergeleitet werden *(Abb. 25)*.

Die Torschußsituation wird zunehmend komplexer gestaltet

1. Die beiden Tormänner bleiben auf der Torlinie *(Foto 6 und 7, Abb. 25)*;
2. einer der beiden Tormänner wird nun Verteidiger und darf abwehren *(Abb. 26)*;

Abb. 26

3. ein weiterer Angriffsspieler kommt dazu: nun stehen einem Tormann und einem Verteidiger zwei Angriffsspieler gegenüber, ein dritter flankt *(Abb. 27)*;

Abb. 27

4. Abwehr- und Angriffsreihe werden um je einen Spieler verstärkt *(Abb. 28)*;
5. nun spielen fünf gegen vier *(Abb. 29)*.

35

Erschwerung des Flankens
1. der ruhende Ball wird geflankt;
2. der Diagonalpaß eines Mitspielers wird direkt geflankt;

Abb. 28

Abb. 29

3. Flanken aus dem Dribbling nach einem Querpaß;
4. kurze Flanken, weite Flanken und Eckstoß.

Hinweise: Anhand dieser Spielformen lassen sich eine Reihe taktischer Fragen anschneiden und klären.
— Von welcher Stelle aus flankt man am günstigsten?
— Stellungsspiel des Tormanns, der Verteidiger und der Angriffsspieler,
— Torsicherung beim Herauslaufen des Torwarts,
— Taktik des Eck- und Freistoßes usw.

3. Ergänzende Übungsaufgaben

a) „Wie wir den kräftigen Schuß üben können!"

1. Jeder hat einen Ball. Gummi- oder Kunststoffbälle tun es auch. Wir „ballern" aus ca. 10—15 m kräftig an die Wand. Haltet den Ball erst an, versucht dann, direkt zu schießen! Vergrößert die Schußentfernung! Nun müßt ihr kräftiger schießen. Seid ihr der Prellwand näher, wird es schwieriger, den Ball direkt zurückzuschießen *(Abb. 30)*.

Abb. 30

2. „Balltreiben"
   Versucht mit kräftigen Schüssen das Feld der Gegner zu erobern! Wer den Ball fängt (oder regelrecht stoppt), darf drei Schritte vorgehen.

Abb. 31

Schießt den Ball aus der Hand! Laßt ihn aus der Hand auf den Boden springen und schießt dann! Stoßt den ruhenden Ball ins Gegnerfeld *(Abb. 31)!*

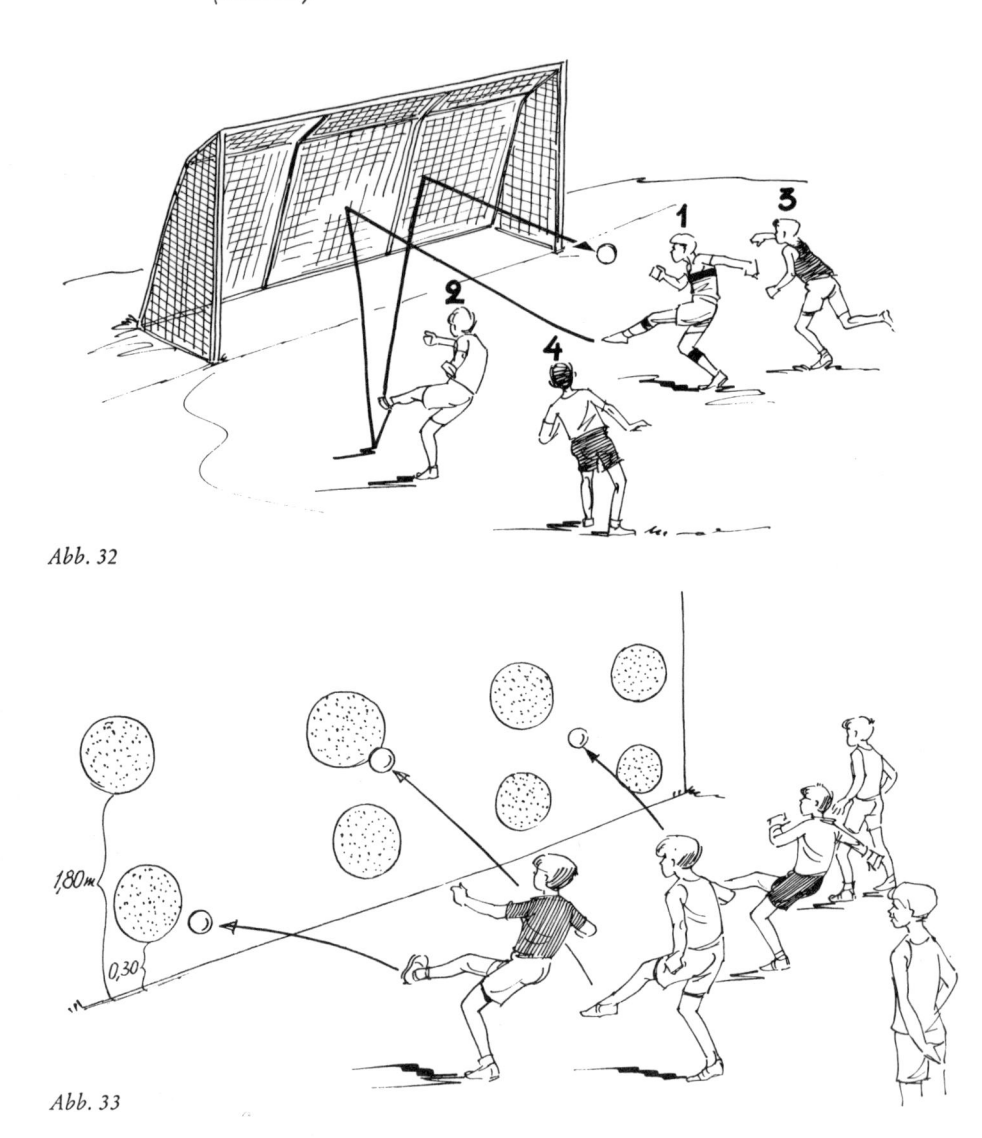

Abb. 32

Abb. 33

3. „Tor — Auskicken"
   Es gibt Fußballtore mit festem Maschendraht, aus denen ein kräftig getretener Ball ins Feld zurückspringt.

3—5 Spieler schießen in fester Reihenfolge nacheinander aufs Tor, ohne den Ball anzuhalten. Wer das Tor verfehlt, bekommt einen Minuspunkt *(Abb. 32)*.

b) „Wir üben zielsicher zu schießen!"

1. „Zielschießen an die Wand"
   An eine Prellwand werden mit Kreide Kreise angemalt. Höhe der Kreise vom Erdboden: 1,80 m und 0,30 m; Kreisdurchmesser 60—80 cm. Veranstaltet ein Zielschießen *(Abb. 33)!*

2. „Im Direktschuß"
   Drei bis fünf Spieler versuchen nacheinander, eine an der Wand gekennzeichnete größere Zielfläche zu treffen, ohne den Ball anzuhalten. Wer nicht trifft, bekommt einen Minuspunkt. Hier müssen die Größe des Zieles und die Schußentfernung der Elastizität des benutzten Balles und der Schußfähigkeit der Schüler angepaßt werden. Spielregelung wie beim „Tor-Auskicken" *(Abb. 34)*.

Abb. 34

c) „Wie wir Köpfen üben können!"

1. Köpft an die Wand! Wer kann drei-, fünf- oder gar zehnmal ohne abzusetzen *(Abb. 35)*?

2. Vergrößert den Abstand zur Wand! Ihr merkt, daß ihr jetzt kräftiger stoßen müßt!

3. Jongliert den Ball auf dem Kopf!
   Wie oft gelingt es euch, ohne daß der Ball zu Boden fällt *(Abb. 36)*?

4. Versucht es auch in der Vorwärtsbewegung!

5. Köpft euch den Ball in der Zweier- oder Dreiergruppe direkt zu. Welcher Gruppe gelingt es am häufigsten?
6. Übt zuhause und zeigt das nächste Mal, was ihr dazugelernt habt!

Alle Einzelübungen eignen sich vorzüglich als Hausaufgabe.

Abb. 35

Abb. 36

II. Herausspielen der Torgelegenheiten und Abschirmen des Tores

In den „Kampfspielen auf ein Tor" sind die Spieler besonders deutlich vor die Aufgabe gestellt, Torgelegenheiten herauszuspielen beziehungsweise ihr Tor abzuschirmen.

Mit dem direkten Kampf zweier Spielgruppen gegeneinander treten im Vergleich zu den „Torschußspielen" neue Momente auf. Waren jene im Prinzip

Parteispiele, so können die Spieler jetzt in einer Mannschaft zusammenwirken. Wurde bei den „Torschußspielen" indirekt über vergleichbare Leistungen miteinander gewetteifert, so kämpfen nun Spieler gegen Spieler, Gruppe gegen Gruppe, vielleicht Mannschaft gegen Mannschaft direkt gegeneinander.

Aus einer Anzahl Spielern eine Mannschaft zu formen, ist das erklärte Ziel des Lehrers wie des Vereinsübungsleiters, denn eine Mannschaft kann mehr leisten als eine Gruppe von Einzelspielern.

Die Frage ist, wie aus einem Spielerschwarm eine Mannschaft gebildet werden kann.

Der Weg des Spielers in eine Mannschaft führt über einige Grundeinsichten: etwa die Erfahrung, daß man im gemeinsamen Zusammenwirken letzten Endes mehr erreicht als alleine. Dazu gehört wiederum, daß der Spieler mehr erreichen möchte, als er alleine vermag, also ein Leistungswille, der über den flüchtigen Einzelerfolg ein gemeinsames Leistungsziel erkennt. Erst wenn die Spieler erfahren haben, daß der Umweg des Balles über einige Mitspieler unter Umständen sicherer zum Erfolg führt als der direkte Alleinversuch, sind sie reif für die Mannschaft. Das erfordert zugleich die Fähigkeit, vorausplanend mehrere Spielsituationen zu überdenken.

Achtjährige sehen vorwiegend sich selbst, den Ball und das Tor. Diese Situation ist so zwingend, daß sie die Mitspieler um sich herum darüber vergessen.

Ein Spiel drei gegen drei wird bei ihnen nie ein Mannschaftsspiel; bei Achtzehnjährigen kann es das sehr wohl werden. Das heißt keineswegs, daß wir mit Achtjährigen nicht drei gegen drei spielen sollten — im Gegenteil. Mit zunehmendem Alter und wachsender Spielerfahrung werden sie es von alleine lernen. Lehrer und Übungsleiter können diese Grundeinsichten vorbereiten und erleichtern. Sie lassen in kleinen, überschaubaren Gruppen spielen. Eine Dreiergruppe ermöglicht einen engeren Sozialbezug der Spieler untereinander als eine Siebener- oder Elfergruppe. Da das Spiel in kleinen Gruppen anstrengender ist, besinnt sich der einzelne eher auf die Kraft seines Mitspielers und bedient sich ihrer. In einer Dreiergruppe stellt der Einzelspieler ein Drittel der Mannschaftsstärke dar; eine Gruppe, bestehend aus zwei besseren und einem schwächeren Spieler, wird es sich auf die Dauer nicht leisten, auf die Kraft des schwachen dritten zu verzichten.

Kurz, es gilt, die Spielsituationen so zu beeinflussen, daß das Zusammenwirken als die offensichtlich beste Lösung erfahren werden kann.

Auch die im „Kampfspiel auf ein Tor" geforderten technischen Fertigkeiten der Spieler gehen weit über das hinaus, was bei den „Torschußspielen" verlangt wurde.

Die Stürmer müssen nun dribbeln und schießen, passen und „kombinieren" können; die Verteidiger müssen in der Lage sein, den Gegnern im direkten

Kampf den Ball abzujagen und den Schußweg zum Tor zu versperren. Auch die Fähigkeit, sich taktisch richtig zu verhalten, wird nun spielentscheidend. Freilaufen, schnelles Zusammenspiel, Mann- und Raumdeckung müssen als besondere Anforderungen des Spiels erkannt und bewältigt werden.

Es gibt keine bessere Möglichkeit als das Spiel in kleinen Gruppen auf ein Tor, um diese wichtigen taktischen Grundeinsichten zu vermitteln (14)

1. *„Kleine Kampfspiele auf ein Tor"*

a) „Turnier"
   Drei bis vier Spieler tragen ein Turnier aus. Jeder muß einmal gegen jeden gespielt haben. Wer drei Tore gegen einen Mitspieler erzielt, bekommt zwei Punkte. Die Punktzahl am Ende des Turniers entscheidet über den Sieg.

   Die beiden Feldspieler sind je nach Ballbesitz Stürmer oder Verteidiger; wechselt der Ball den Besitzer, so wechseln auch die Stürmer- und Verteidigerrollen. Der Tormann ist entweder neutral und bleibt das ganze Spiel über im Tor, oder es wird laufend gewechselt. Variante: Es spielen Zweiergruppen zusammen *(Abb. 37)*.

Abb. 37

b) „Wurschteln"
   Drei oder vier Spieler kämpfen zugleich jeder gegen jeden. Ist das Tor klein genug, kann ohne Tormann gespielt werden. Zu Beginn des Spiels und nach Spielunterbrechungen wird der Ball hochgeworfen und dann losge„wurschtelt". Wer zuerst fünf oder zehn Tore erzielt hat, ist Sieger *(Abb. 38, Foto 8)*.

c) „Beide Parteien drauf"
Ein neutraler Tormann hütet das Tor. Zwei Zweier- oder Dreiermannschaften spielen gegeneinander. Beide dürfen Tore erzielen. Hat der Geg-

Abb. 38

ner den Ball, wird das Tor verteidigt und abgeschirmt; ist man selbst in Ballbesitz, versucht man Tore zu erzielen *(Abb. 39).*

Abb. 39

d) „Einen aus" oder „Drei aus"
Zwei Zweier-, Dreier- oder Vierermannschaften spielen gegeneinander. Im Gegensatz zu Spiel c) sind nun die Verteidiger- und Stürmerrollen für eine gewisse Zeit festgelegt. Jede Mannschaft stellt ihren Tormann; der Rest verteidigt solange, bis die gegnerischen Stürmer einmal („Einen aus") oder dreimal („Drei aus") am Tor vorbeigeschossen haben. Erst dann werden die Verteidiger- und Stürmerrollen vertauscht *(Abb. 40).*

e) „Spiel auf Zeit"
   Wie Spiel d), jedoch sind nun die Verteidiger- und Stürmerrollen für eine vorher vereinbarte Zeit festgelegt (meist 5—10 min). Ist die Zeit um, wird gewechselt.

Abb. 40

Trotz aller Ähnlichkeit mit dem Spiel d) ist dies eine echte Variante. Beim Spiel „Drei aus" müssen die Spieler mit aller Vorsicht schießen, um das Tor nicht zu verfehlen. Je vorsichtiger sie sind, um so länger können sie die beliebtere Stürmerrolle spielen. Beim „Spiel auf Zeit" wird man dagegen die Zeit nutzen und auch aus ungünstigeren Positionen schießen, um möglichst viele Tore in der kurzen Zeit zu erzielen.

2. *Spielreihen*

Wie bereits bei der Beschreibung der „Kampfspiele auf ein Tor" angedeutet, können in den meisten Spielformen verschieden große Spielerzahlen teilnehmen. Eine Spielreihe ließe sich also schon dadurch bilden, daß man unter Beibehaltung der Grundform lediglich die Spielerzahlen schrittweise vergrößert. Das Zusammenwirken der Spieler untereinander würde damit vielfältiger und differenzierter, das mannschaftliche Zusammenspiel zugleich erschwert.

Solche Spielreihen sind leicht zusammenzustellen und sollen hier nicht eigens beschrieben werden.

a) Vom Abwehrspieler lösen und schießen

Der erste Teil der folgenden Spielreihe (1—3) steht unter dem besonderen Thema: Dribbeln und Schießen (Angreifer) beziehungsweise Sichern des Tores und Abwehren (Verteidiger). Im zweiten Teil (3—6) ist das Thema erweitert.

Dort geht es dann auch um Freilaufen und Passen und um Mann- und Raumdeckung.

Ja nach Zielsetzung können die beiden Teile als eigene Spielreihe gelten.

Abb. 41

1. Kampf einer gegen einen auf ein Tor ohne Tormann. Als Tor gilt ein Fähnchen, das auf den Boden gelegt ist. Es darf rund um das Tor gespielt werden *(Abb. 41)*.

Abb. 42

2. Das gleiche Spiel auf ein 5 m großes Tor mit Tormann. Auch hier darf rundum gespielt werden. Wer ein Tor erzielt, darf ins Tor. Wer am Ende am häufigsten im Tor war, ist Sieger *(Abb. 42)*.

3. Drei bis fünf Spieler spielen gemeinsam im Feld; jeder gegen jeden. Um die Torchancen des Ballführenden gegen mehrere Gegenspieler zu erhöhen, wird bewußt ein großes Tor aufgebaut. Torgröße 7—8 m (mit oder ohne Tormann) *(Abb. 43)*.

Abb. 43

4. Zwei gegen zwei auf ein Tor. Die Spieler, die nicht in Ballbesitz sind, müssen das Tor verteidigen *(Abb. 44)*.

Abb. 44

5. Drei gegen einen auf ein Tor (3 m) mit Tormann. Je größer die Übermacht der Stürmer, um so kleiner bauen wir das Tor, um die Erfolgs-

chancen von Angriff und Abwehr auszugleichen. Der Verteidiger muß bei diesem Spiel solange Abwehrspieler sein, bis es ihm gelingt, in Ballbesitz zu kommen. In die Abwehrposition wechselt jener Stürmer, der den Ball verloren hat *(Abb. 45)*.

Abb. 45

6. Das gleiche Spiel vier gegen zwei *(Abb. 46)*.

Abb. 46

Die Spiele 1—6 können Anlaß sein, folgende taktische Fragen zu klären: Wie können die Verteidiger trotz zahlenmäßiger Unterlegenheit den Torschuß der Stürmer verhindern? (Hinweise auf Zusammenwirken zwischen Tormann und Verteidigern, Abschirmen des Tores, Schußlücken schließen, Abschirmen der gefährlichsten Schußzonen, Stürmer kommen lassen.)

Wie können die Stürmer Schußgelegenheiten herausspielen? (Hinweise auf die Verbesserung der taktischen Lage durch Ausspielen eines Gegenspielers im Einzeldribbling; Verwirrung der Verteidiger durch Positionswechsel; direktes Abspiel und Finten, Weglocken der Verteidiger vom Tor.)

b) Schrittweise Erweiterung der Abwehrleistungen

Bei den Spielen dieser Reihe spielen drei gegen drei auf ein Tor. Die abwehrende Mannschaft stellt einen Tormann, so daß drei Stürmern zwei Verteidiger gegenüberstehen. Durch verschiedenartige Regelung des Wechsels vom Verteidigen zum beliebteren Stürmen entstehen Varianten mit wechselnden Forderungen an die Verteidiger *(Abb. 47)*.

Abb. 47 *Abb. 47 a*

1. Der Wechsel wird vollzogen, wenn es den Verteidigern gelingt, den Ball dreimal zu berühren (Wegspitzeln durch blitzschnellen direkten Angriff auf den Ball, Eingrätschen).
Die Verteidiger können durch gelungene *Störversuche* zu Stürmern werden;
2. der Wechsel wird vollzogen, wenn die Verteidiger dreimal den Ball sicher unter Kontrolle bekommen.
Jetzt müssen die Verteidiger den Stürmern den *Ball abjagen*, ohne das Abschirmen des Tores zu vernachlässigen.
3. Nun müssen die Verteidiger nicht nur in Ballbesitz kommen, sondern auch mindestens dreimal den Ball innerhalb ihrer Mannschaft abspielen, wenn sie Stürmer werden wollen. Ihre besondere Aufgabe ist es also, sich vom Druck des Angreifers zu befreien *(Abb. 47 a)*.

Die Mannschaft, die die meisten Tore erzielt, ist Sieger.
Bei diesen Spielen kann die Abseitsregel eingeführt werden. Sie gibt den Verteidigern neue taktische Möglichkeiten der Abwehr.

3. Ergänzende Übungsaufgaben

Bei den „Kampfspielen auf ein Tor" werden neben dem Torschuß auch die Fertigkeiten Dribbeln, Passen und Stoppen wichtig für den Spielerfolg.

Das *Dribbeln* wird in der Spielreihe a) Spielform 1—3 geübt. Werden diese Spiele oft durchgeführt, so kann sich der Lehrer mit Hinweisen darauf begnügen, wie der Ball mit Spann, Außen- und Innenrist geführt werden kann. Folgende Bewegungsaufgaben sind außerdem geeignet, das Führen des Balles in der Bewegung zu schulen.

Jeder hat einen Ball.

a) Führt den Ball dicht am Fuß und folgt mir über den Platz *(Abb. 48)!*

Abb. 48

b) Sucht euch einen Partner! Ein Spieler dribbelt kreuz und quer über den Platz; der Partner versucht, ihm mit seinem Ball zu folgen *(Abb. 49)*.

c) Dribbelt einzeln auf engstem Raum, ohne euch gegenseitig anzustoßen (z. B. im Mittelkreis des Fußballfeldes) *(Abb. 50)!*

Abb. 49

d) Versucht, den springenden Ball vorwärtslaufend über den Platz zu jonglieren; ihr dürft dabei die Füße, Knie, Oberschenkel, Brust und Kopf benutzen. Der Ball darf den Boden berühren. Versucht es erst langsam im Gehen, dann im Trab und schließlich in immer schnellerem Lauf *(Abb. 51)!*

Abb. 50

Weitere Spielformen, in denen Dribblings in besonderem Maße vorkommen, sind auf Seite 64 f. beschrieben. (Siehe Spielreihe III., 2. a): „Raumgreifende Dribblings").

Abb. 51

Zum Thema *Passen* sind in den einschlägigen Fachbüchern eine Vielzahl von Übungen zusammengestellt. Werden häufig „Kampfspiele auf ein Tor" im Unterricht durchgeführt, können wir uns auch hier aufgrund der Erfahrungen der Schüler auf einige Winke und wenige wirkungsvolle Übungen beschränken.

a) Wollt ihr den Ball geradeaus passen, so stoßt ihr ihn am günstigsten mit dem Spann. Der Spannstoß kann aus dem Lauf heraus ohne sichtbare Ausholbewegung ausgeführt werden.
Nach dem steilen Zuspiel mit dem Spann ist es sinnvoll, sich seitlich vorwärts freizulaufen *(Abb. 52)*.

Abb. 52

Übt den Spannstoß gegen die Wand *(Abb. 53)!*
Können zum Beispiel in einer Turnhalle beide Längswände als Prellwand benutzt werden, so kann die Übung folgendermaßen erschwert werden: Den von einer Wand zurückprallenden Ball lassen wir an uns vorüberrollen, laufen ihm nach und stoßen ihn mit dem Spann an die Gegenwand usf. *(Abb. 54)*.

Abb. 53

b) Wollt ihr mit dem rechten (linken) Fuß eurem rechten (linken) Nebenmann zupassen, spielt ihr mit dem Außenrist. Auch dieser Stoß kann dann ohne auffällige Ausholbewegung ausgeführt werden, die dem Gegner die geplante Aktion ankündigen würde *(Abb. 55)*.

Abb. 54

Abb. 55

Abb. 56

52

Auch hier benutzen wir wieder die Wand als „Übungspartner". Lauft an der Wand entlang und spielt mit dem Außenrist! Je gekonnter ihr den Ball stoßt, um so genauer kommt er zu euch zurück *(Abb. 56)*.

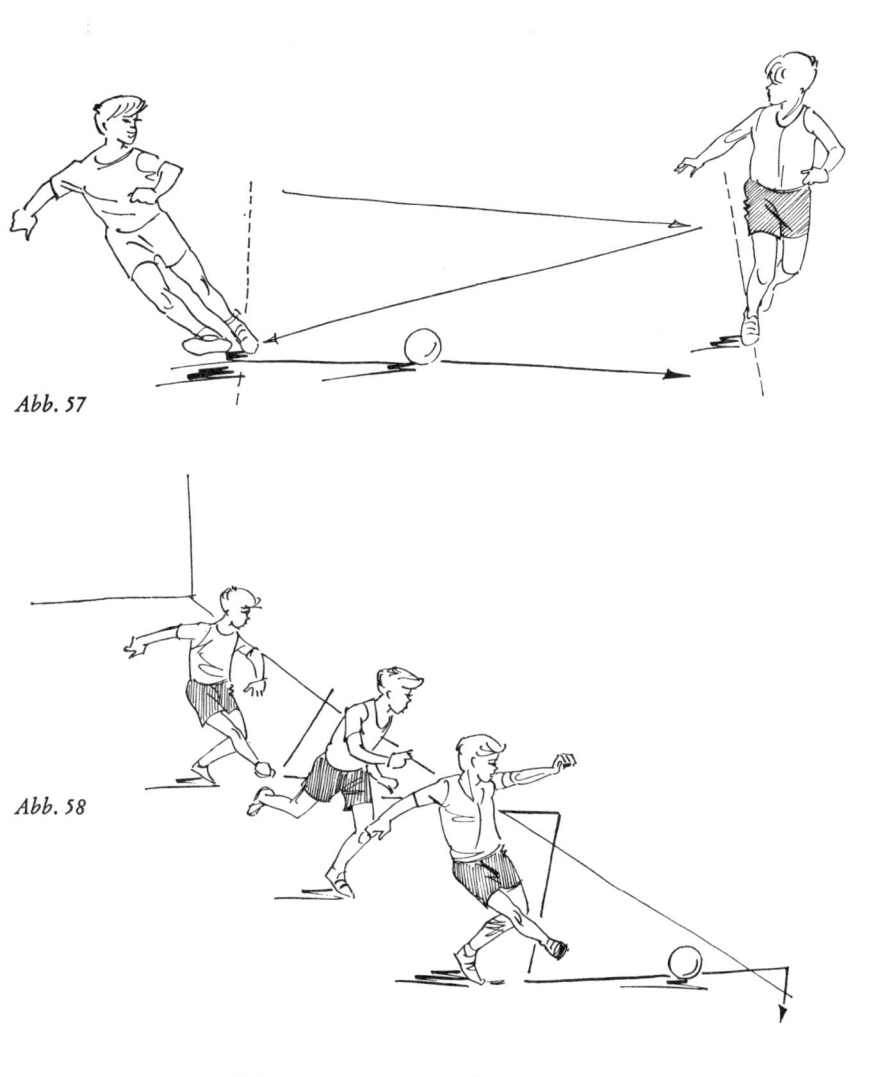

Abb. 57

Abb. 58

c) Den linken Nebenmann spielen wir mit der Innenseite des rechten Fußes an. (Linksschützen gegengleich, *Abb. 57.*) Auch das läßt sich am besten im Einzelspiel an die Wand üben *(Abb. 58)*.

Besonders gute Voraussetzungen hat der Spieler, der mit links und rechts alle drei Stoßarten beherrscht und sie im Spiel ohne „Schnörkel" anwenden kann.

Zu häufiges *Stoppen* des Balles kann den Spielfluß stören. Gute Spieler brauchen den Ball selten zu stoppen, sie spielen ihn direkt weiter. Wir halten den Ball auch nur so viel an, daß wir ihn zielsicher und schnell weiterspielen können. Wer den Ball vollkommen zur Ruhe bringt, muß ihn erst wieder in Bewegung setzen; das kostet wertvolle Zeit.

Es gibt drei Arten, den Ball zu stoppen:

a) Wir können ihn unter ein Dach sperren, vor allem den flach anfliegenden Ball.

Das Dach können wir mit der Sohle	*Abb.* 59,
mit dem Innenrist	*Abb.* 60,
mit dem Außenrist	*Abb.* 61,
mit dem Unterschenkel	*Abb.* 62,
und mit dem Oberkörper bilden	*Abb.* 63.

Abb. 59

Abb. 60

Abb. 61

Abb. 62

Abb. 63

b) Wir können den Ball auffangen, vor allem wenn er von oben kommt,
   mit dem Spann   *Abb. 64,*
   mit dem Oberschenkel   *Abb. 65,*
   mit der Brust   *Abb. 66.*

Abb. 64

Abb. 65

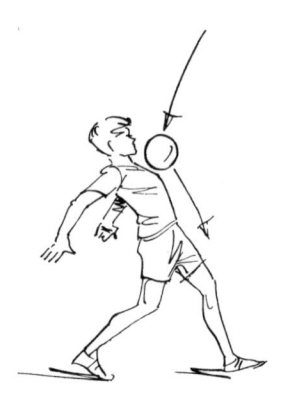

Abb. 66

c) Die fest geschossenen, schnurgeraden auf uns zukommenden Bälle lassen wir wie an einer weichen Wand abprallen. Je nach Flughöhe benutzen wir
den Innenrist *Abb. 67,*
den Oberschenkel *Abb. 68,*
die Brust *Abb. 69*
oder den Kopf *Abb. 70.*

Abb. 68

Abb. 67

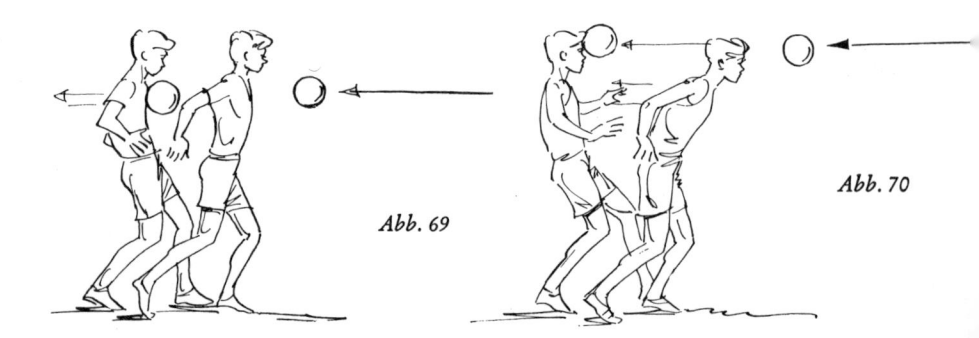

Abb. 69

Abb. 70

Am wirkungsvollsten lassen sich die Arten des Stoppens üben, wenn jeder einen Ball hat und die Übung häufig wiederholen kann. Im Spiel an die Wand können wir unsere Fortschritte am besten selbst kontrollieren.
Werft den Ball an die Wand und versucht ihn auf verschiedene Weise zu stoppen *(Abb. 71)!*

Abb. 71

Schießt den Ball flach, halbhoch und hoch an die Wand und stoppt ihn!
Spielt den Ball hoch einige Meter vor, lauft ihm nach und stoppt ihn wieder!
(Fortlaufend über das ganze Feld, *Abb. 72*.)

Abb. 72

Die Einzelübungen an der Wand eignen sich besonders gut als „Hausaufgabe". Die Erfahrung zeigt, daß die Jungen Anregungen zum Selbstüben gern aufnehmen, besonders wenn sie in der folgenden Unterrichtsstunde ihre Fortschritte zeigen dürfen.

In Verbindung damit kann eine „Ballprobe" als Aufgabe auf längere Zeit formuliert werden.

Das hohe und halbhohe *Zuspiel* läßt sich ebenfalls an der Prellwand üben. Ergänzen können wir solche Übungen durch einige Jonglierspiele, in denen zielsichere, halbhohe und hohe Flugbälle gefordert werden.

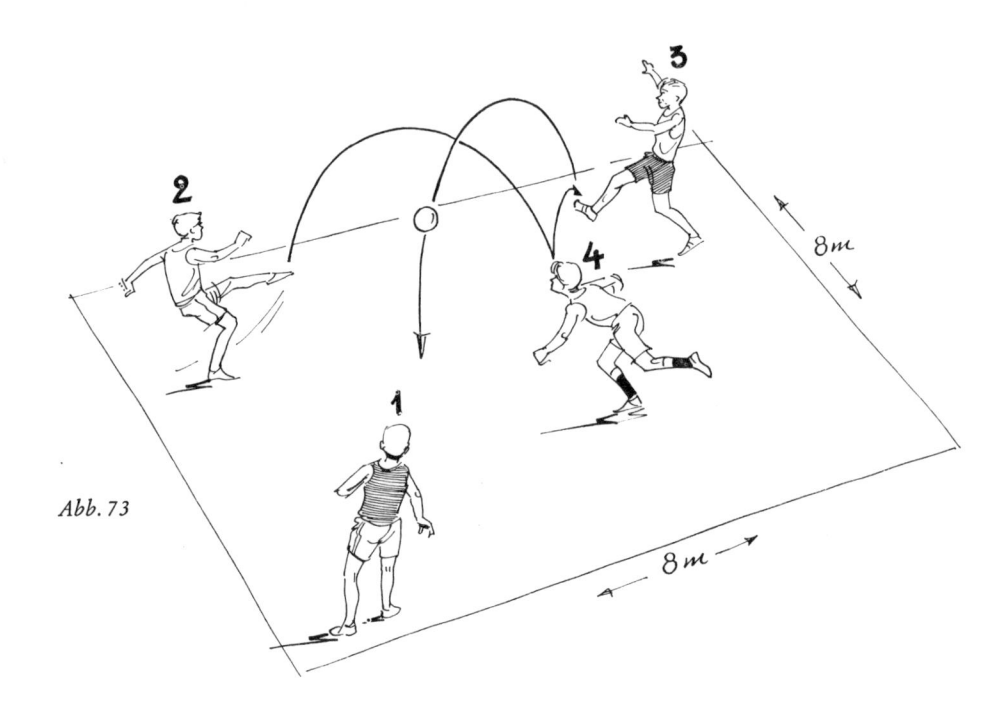

Abb. 73

a) „Fußballtennis ohne Netz"

Drei bis vier Spieler stehen in einem begrenzten Feld (ca. 8 × 8 m). In genau festgelegter Reihenfolge wird der Ball innerhalb des Feldes in Überkopfhöhe so gespielt, daß es der nächste Mitspieler schwer hat, ihn zu erreichen und ebenso weiterzuspielen.

Dabei darf der Ball zwischen jedem Stoß nur einmal den Boden berühren. Wer den Ball nicht in vorgeschriebener Weise weiterspielen kann, bekommt einen Minuspunkt. Ein Spieler, der drei Minuspunkte erreicht, scheidet aus *(Abb. 73)*.

b) „Wandtennis"

In einem Feld (3 × 4 m) spielen drei Spieler in festgelegter Reihenfolge an die Wand. Der Ball darf die Wand jedoch nur oberhalb einer 50 cm hohen Linie berühren, und muß in das Feld zurückspringen. Zwischen jedem Stoß darf er nur einmal den Boden berühren. Bei regelwidrigem Spiel erhält man einen Minuspunkt *(Abb. 74)*.

Abb. 74

Das Spiel kann erschwert werden, wenn von den Spielern verlangt wird, mit jedem Schuß eine begrenzte Fläche (A) zu treffen *(Abb. 75)*.

Abb. 75

c) „Fußballtennis"
Während bei den Spielen a) und b) jeder mit jedem wetteifert, stehen sich nun zwei Parteien (möglichst nicht mehr als 4 Spieler) in einem „Über-die Schnur-Spiel" gegenüber. Spielverlauf und Zählweise entsprechen dem Spiel „Wandtennis" *(Abb. 76)*.

Abb. 76

III. Aufbauen und Stören

Bei den „Spielen auf ein Tor" stehen die Spieler dauernd vor der Aufgabe, Torgelegenheiten herauszuspielen beziehungsweise als Verteidiger das Tor abzuschirmen. Die Häufigkeit, in der diese Situation auftritt, ihre Klarheit und Überschaubarkeit für Lehrer und Schüler und die Möglichkeit der Erfolgskontrolle innerhalb dieser Situation durch die Schüler selbst bestimmen den Übungswert der „Kleinen Kampfspiele auf ein Tor".

Die Spieler bleiben allerdings noch von wichtigen Aufgaben des regelrechten Fußballspiels entlastet. Erst in den „Kampfspielen auf zwei Tore" müssen die Abwehrspieler mit jeder Abwehraktion zugleich einen neuen Angriff aufbauen und die Stürmer bei Ballverlust das Aufbauspiel des Gegners durch Störversuche verhindern.

Bei den „Spielen auf zwei Tore" müssen sich die Angreifer erst bis in Tornähe „vorkämpfen". Das gelingt meist erst nach mehreren Versuchen. Wenn sie es dann endlich erreicht haben, stehen ihre Aktionen vor dem gegnerischen Tor unter dem „Druck der seltenen Chance", die genutzt werden muß, wenn nur die geringste Erfolgsaussicht besteht.

Die Erweiterung des Spielraumes stellt höhere Anforderungen an die Ballfertigkeit, die körperliche Leistungskraft und das Spielverständnis. Die Spieler müssen in schnellem Lauf dribbeln, passen, flanken und zielsicher schießen können. Fußball wird zum „Laufspiel"; Schnelligkeit und Ausdauer entscheiden über den Spielerfolg. Mehr als bisher wird ein *Mitspielen* verlangt, auch ohne in unmittelbarer Ballnähe zu sein.

Es gilt nun „Kampfspiele auf zwei Tore" auszuwählen, in denen diese speziellen Fertigkeiten erworben und die erforderlichen körperlichen Grundeigenschaften ausgebildet werden können.

An den Spielformen sollten sich vor allem die taktischen Aufgaben des Aufbauens und Störens verdeutlichen lassen.

Da „Aufbauen und Stören" nur zum Erfolg führen, wenn auch das richtige Verhalten beim „Herausspielen von Torgelegenheiten und Abschirmen des Tores" und bei „Torschuß und Torabwehr" entwickelt ist, wird es ratsam sein, sich mit den Schülern gemeinsam auf den Übungswert einiger „Torschußspiele" und der „Kampfspiele auf ein Tor" zu besinnen und sie im Wissen um die höheren Anforderungen des regelrechten Fußballspiels nachträglich als Übungsspiele zu betreiben.

1. Kleine Kampfspiele auf zwei Tore

a) Drei gegen drei auf zwei Tore mit oder ohne Tormann *(Abb. 77)*.
b) Vier gegen vier auf zwei Tore mit oder ohne Tormann *(Abb. 78)*.
c) Fünf gegen fünf auf zwei Tore mit oder ohne Tormann *(Abb. 79)*.
d) Sechs gegen sechs auf zwei Tore mit oder ohne Tormann *(Abb. 80)*.

Abb. 77

e) Sieben gegen sieben auf zwei Tore mit oder ohne Tormann *(Abb. 81)*.

Die Siebenermannschaft wird allgemein für die Wettspiele der D-Jugendlichen (bis 12 Jahre) empfohlen. Aber auch in allen anderen Altersklassen bieten Wettspiele und Turniere in Siebenermannschaften große Vorteile. Vor allem im Schulsport können dadurch mehr Schüler an den Spielen beteiligt werden; eine Klasse kann zwei und mehr Mannschaften stellen.

Abb. 78

Abb. 79

Abb. 80

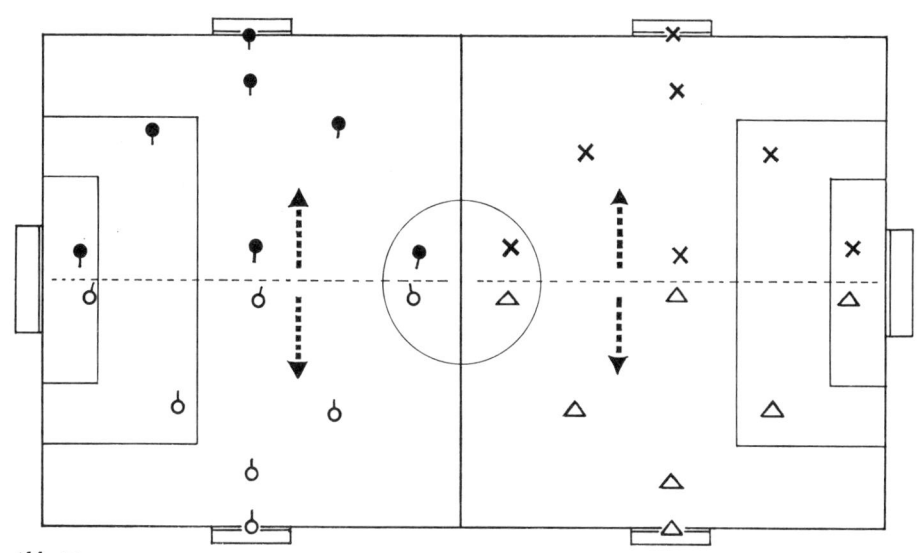

Abb. 81

f) Auf das Spiel in Elfermannschaften wollen wir aber auch in der Schule nicht verzichten *(Abb. 82)*.

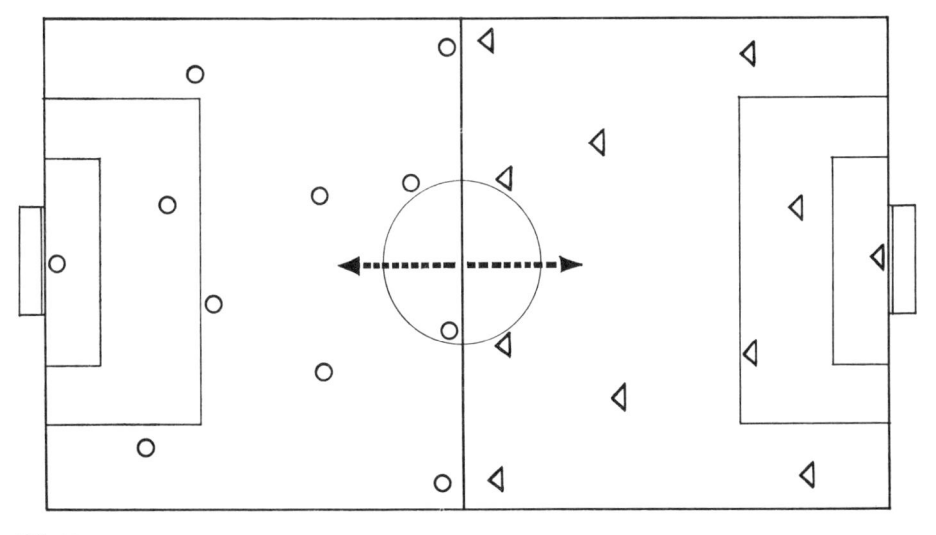

Abb. 82

2. Spielreihen

Die Anordnung der Spiele auf zwei Tore (von der Dreier- bis zur Elfermannschaft) kann als Spielreihe verstanden werden, wenn man die Zunahme der Spielerzahlen zugleich als Spezialisierung der Mannschaftsaufgaben versteht.

Der Leistungsfortschritt der Schüler würde in eben dieser Spezialisierung bestehen. So gesehen erscheint das Spiel „Elf gegen Elf" als das differenzierteste aller aufgeführten. Es braucht deshalb jedoch nicht in jedem Fall das schwierigste zu sein. Achtjährigen zum Beispiel kann es sehr leicht fallen, eben weil sie den Anspruch, sich in die Mannschaftsaufgaben zu teilen, gar nicht empfinden. Von ihnen wird auch der Lehrer nicht mehr erwarten als ein Balltreiben zweier Spielerscharen.

Ob eine Spielform leicht oder schwierig ist, hängt immer davon ab, in welchem Grad der Schüler den Anspruch des Spiels (hier als Mannschaftsspiel) erfaßt hat. Mit der Steigerung der Spielerzahlen wird also nur dann zugleich ein differenziertes Mannschaftsgefüge aufgebaut, wenn die wachsenden Ansprüche des Mannschaftsspiels von den Schülern angenommen und erfüllt werden.

Das Spiel wird mit zunehmender Spielerfahrung der Schüler nicht leichter. Höheres Spielkönnen erschließt zugleich anspruchsvollere Möglichkeiten der Spielgestaltung und fordert damit immer höhere Leistungen heraus.

Die Leistungsgrenze im Fußballsport ist noch lange nicht erreicht. Würde das einmal geschehen, so ließe sich Fußball als *Spiel* nur durch Regeländerungen erhalten. Im Gegensatz zu anderen Sportspielen haben sich die Fußballregeln bisher als sehr dauerhaft erwiesen.

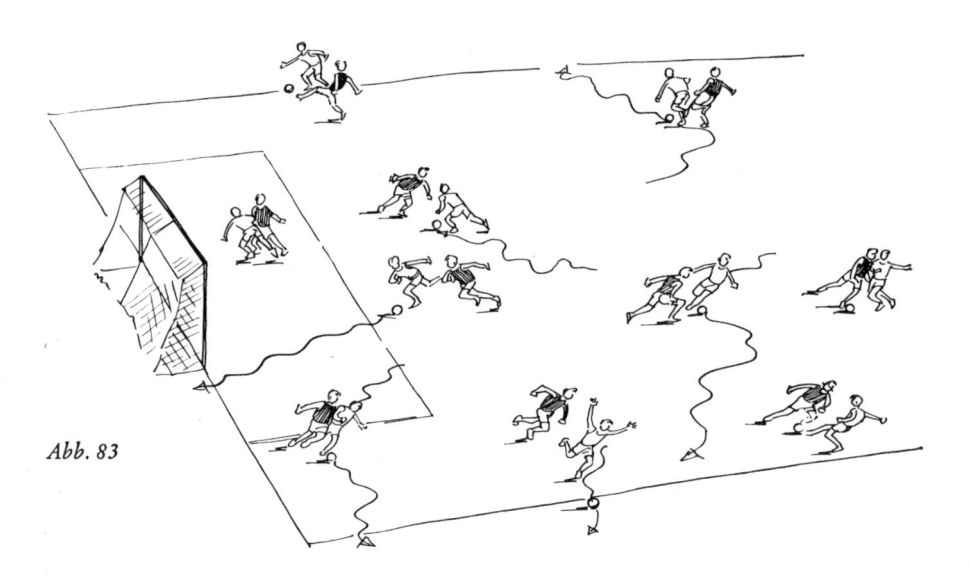

Abb. 83

a) *Raumgreifende Dribblings*

Die unter diesem Thema aufgeführten Spielformen sind durch die geringe Spielerzahl und den zum Teil großen Spielraum so anstrengend,

BILDTAFEL III

Foto 6   „Flankenschießen" zwei gegen zwei

Foto 7   Aus Flanken Tore erzielen

BILDTAFEL IV

Foto 8   Kampfspiel auf ein Tor

Foto 9   Zwei gegen zwei auf zwei kleine Tore im Training der Jugendlichen

daß sie je nach Kondition der Schüler nur kurz, unterbrochen durch Ruhepausen (Intervall), ausgeführt werden sollten.

1. Einer kämpft gegen einen mit dem Ziel, eine der Außenlinien des großen Fußballfeldes mit dem Ball zu überdribbeln *(Abb. 83)*.

Abb. 84

Abb. 85

2. Das gleiche; jetzt gelten jedoch nur die Längslinien des Feldes als Ziel des Dribblings *(Abb. 84)*.

3. Das gleiche auf die großen Fußballtore. Erst innerhalb des Sechzehn-Meter-Raumes darf aufs Tor geschossen werden. Wer ein Tor erzielt, bleibt in Ballbesitz *(Abb. 85)*.

Lag in den Spielen 1—3 der Schwerpunkt auf dem Dribbling, so wird jetzt durch Tore und Tormänner der Torschuß in das Spiel einbezogen.

4. Einer gegen einen auf zwei Tore mit Tormännern. Abstand der Tore voneinander ca. 30 m, Torgröße ca. 6 m. Um längere Pausen zu vermeiden, darf rund um die Tore gespielt werden.

Abb. 86

Innerhalb jeder Gruppe werden die Rollen des Tormanns und des Feldspielers nach Belieben gewechselt. Um die konditionelle Beanspruchung der Spieler zu steuern und zu kontrollieren, kann der Lehrer oder Übungsleiter — in Kenntnis der körperlichen Leistungsfähigkeit der Spieler — die Dauer des anstrengenden Kampfspiels im Feld beziehungsweise die „Ruhepause" im Tor nach dem Intervallprinzip bestimmen *(Abb. 86)*.

b) *Schnellangriff*

In den nun folgenden Spielen wird das Spielfeld bewußt groß (quer über das große Fußballfeld) und das Tor klein gehalten (siehe *Foto 9*).

Zu einem sicheren Erfolg kann eine Spielgruppe hier nur kommen, wenn sie aus der Defensive heraus blitzschnell auf Angriff umschaltet und durch Steilpässe und schnellen Lauf das andere Tor erreicht, ehe es der Gegner abschirmen kann.

In der Abwehr mindestens gleichstark, im Angriff um einen oder mehrere Spieler überlegen zu sein, das muß als taktisches Motto von den Spielern verstanden und durch die Schnelligkeit ihrer Aktionen erreicht werden.

1. Zwei gegen zwei auf zwei kleine Tore. Als Tore gelten zwei auf dem Boden liegende Markierungsfähnchen *(Abb. 87)*.

Abb. 87

2. Das gleiche, nur drei gegen drei *(Abb. 88)*.
3. Drei gegen drei. Jetzt bauen wir richtige Tore auf und spielen mit Tormann. Torgröße etwa das Vierfache der durchschnittlichen Körpergröße der Schüler *(Abb. 89)*.
4. Vier gegen vier *(Abb. 90)*.
5. Fünf gegen fünf *(Abb. 91)*.

Bei den Spielen 4. und 5. sollte auf eine sinnvolle Verteilung der Angriffs- und Abwehraufgaben hingewiesen werden. Um dem oben formulierten

Abb. 88

taktischen Motto gerecht zu werden, wird eine statische Verteilung nicht ausreichen. Einige Spieler müssen deshalb sowohl „hinten" das eigene Tor sichern als auch „vorne" den eigenen Angriff unterstützen. Durch Absprache kann man sich in dieser anstrengenden Aufgabe ablösen.

Abb. 89

c) *Zusammenspiel*

In den bisherigen Spielen sind schon viele Situationen enthalten, die Zusammenspiel fordern. In den folgenden Spielformen wird der Handlungsspielraum derart eingeschränkt, daß der Mitspieler zur unentbehr-

Abb. 90

lichen Stütze der Mannschaft wird. Dribblings bleiben untersagt; die
Anzahl der Ballberührungen wird bis hin zum direkten Spiel zunehmend

Abb. 91

eingeschränkt. Es spielen jeweils vier gegen vier mit Tormann, Spielfeld 40 m lang.
1. Dribbeln nach der Ballannahme bleibt untersagt.
2. Wie Spiel 1, jedoch muß jeder Spieler der eigenen Mannschaft einmal den Ball berührt haben, ehe auf das gegnerische Tor geschossen werden darf.
3. Wie Spiel 1. Der Ball darf von jedem Spieler nur dreimal hintereinander berührt werden; mit der dritten Berührung muß die Abgabe erfolgt sein. Wird der Ball häufiger berührt, bekommt ihn der Gegner.

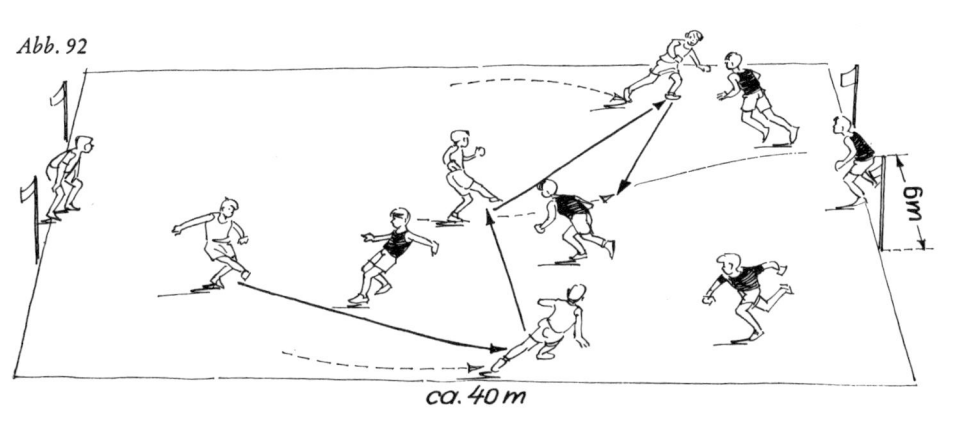

Abb. 92

4. Wie Spiel 3. Der Ball darf jedoch nur zweimal berührt werden (Annehmen — Abgeben.)
5. Der Ball muß direkt gespielt werden *(Abb. 92)*. Gerade bei den Spielen 3—5 wird das Freilaufen möglichst mehrerer Mitspieler entscheidend für den Spielerfolg. Die jeweils abwehrende Mannschaft kann durch kluges Deckungsspiel die Angriffe der Gegner relativ leicht stören. In den meisten Fällen werden daher anfangs die jeweiligen Angriffsspieler überfordert sein. Um die Chancen des Angriffs zu erhöhen, läßt sich das Spiel so regeln, daß die Angreifer jeweils um einen oder zwei Spieler in der Überzahl sind (siehe Unterrichtsbeispiel Seite 81, Abb. 109).

Einige Hinweise zur Schulung der Taktik

Taktische Schulung heißt u. a., den Spielern zu helfen, ihre Aufgaben besser zu verstehen und ihnen dies am Beispiel ihres eigenen Spielverhaltens zu verdeutlichen. Es gibt keinen besseren Lehrmeister für die Spieltaktik als das Spiel selbst (15). Richtiges Freilaufen und Decken, die Wirksamkeit und Anwendung von Mann- und Raumdeckung lassen sich am überschaubaren Spielgeschehen am besten besprechen und demonstrieren. Jede Spielaufgabe ist eine taktische Aufgabe für die Spieler. Spielunterbrechungen, ähnlich der Auszeiten bei anderen Sportspielen, sollten von den Spielern genutzt werden, das taktische Verhalten zu überprüfen und sich auf wirkungsvollere Maßnahmen zu besinnen. Der Lehrer kann sich in solche Gespräche einschalten und helfen, fehlerhaftes Spielverhalten aufzudecken. Bei seinen Hinweisen muß er sich allerdings hüten, das Spiel der Schüler allzusehr durch eigene taktische Vorstellungen zu überformen.

„Pauschaltaktiken" wie „Jeder deckt seinen Gegenspieler" können das Spiel eher behindern als fördern. Ebenso ist es mit den komplizierten „Strategien", die oft die eigenen Spieler mehr verwirren als den Gegner. Auch auf taktische Übungsschemata wie „Drei gegen einen" oder „Wechselviereck", um nur zwei einfache Beispiele zu nennen, wird bewußt verzichtet. Sie sind höchstens geeignet, das Freilaufen zu veranschaulichen; üben sollten wir es in dieser Form nicht, da das hier eingeübte schematische Verhalten, wenn überhaupt, nur unter ganz bestimmten Bedingungen im Spiel richtig sein kann. Die Gültigkeit einer Taktik kann nur am Erfolg gemessen werden. Diese Erfolgskontrolle ist aber nur im Spiel selbst möglich.

3. Ergänzende Übungsaufgaben

Wie bereits hervorgehoben wurde, können, nachdem das Spiel in seiner Gesamtstruktur durchschaut wird, alle einfacheren Spielformen („Torschußspiele" und „Kampfspiele auf ein Tor") in ihrer Bedeutung als Übungsspiele für das regelrechte Spiel erkannt und durchgeführt werden.

Mit zunehmender Differenzierung des Mannschaftsgefüges wird es immer wichtiger, einzelne Spieler auf ihre besonderen Aufgaben gezielt vorzubereiten.

Beispiele: Abstoß aus der Hand und vom Boden durch den Tormann,
Abwehrschlag des Verteidigers,
Kopfballabwehr,
der genaue, weite Paß (Aufbauspieler),
Technik und Taktik des Einwurfs,
Ausführung und Taktik des Freistoßes und Eckstoßes,
Stellen einer „Mauer" usf.

Da diese Übungsthemen vorwiegend in die Vorbereitung von Wettkampfmannschaften gehören und damit über die Zielsetzung des Normalunterrichts der Schulen hinausgehen, werden sie hier nicht im einzelnen beschrieben.

C. Aus dem Unterricht

I. Unterrichtsbeispiele

Die Hauptthemen des Spielunterrichts wurden aus Gründen der Übersichtlichkeit und systematischen Klarheit nacheinander abgehandelt. Im Unterricht selbst werden „Torschußspiele" und „Kampfspiele auf ein und zwei Tore" nebeneinander betrieben. Daß der Unterricht dennoch nicht planlos zu werden braucht, sollen einige Unterrichtsbeispiele zeigen, die nicht als geschlossene Stundenabläufe, sondern vielmehr als charakteristische Ausschnitte aus der Lehrarbeit zu verstehen sind. Die Beispiele beziehen sich auf den Unterricht mit

— 6- bis 8jährigen, spielunerfahrenen Kindern,
— 11- bis 13jährigen fortgeschrittenen Schülern und
— 16- bis 18jährigen Jugendlichen.

Abb. 93

1. Spieleinführung bei den Jüngsten (6- bis 8jährige)

a) Ausschnitt aus dem allgemeinen Unterrichtsthema:

Spielen und Üben mit dem Ball.

Neben Übungen, die das Prellen, Fangen, Werfen und Rollen des Balles betreffen, können folgende Bewegungsaufgaben gestellt werden:
— Wer kann den Ball wie ein Fußballspieler mit dem Fuß wegtreten?
— Schießt den Ball so weit ihr könnt *(Abb. 93)!*

— Viele haben ihn vom Boden aus getreten; versucht es wie ein Tormann aus der Hand! Schießt den Ball weit weg und holt ihn wieder!
— Wer kann ihn aus der Hand auf den Boden aufspringen lassen und dann wegtreten *(Abb. 94)*?

Abb. 94

— Wer kann ihn am höchsten in die Luft schießen *(Abb. 95)*?
— Versucht ihn wieder aufzufangen!
— Könnt ihr schon ein Tor schießen? Ich bin der Tormann *(Abb. 96)*.

Abb. 95

— Ich baue euch jetzt mehrere Tore. Wer Tormann sein will, gibt mir seinen Ball und versucht die Schüsse der anderen zu halten *(Abb. 97)*.

Abb. 96

Abb. 97

b) Heute wollen wir zum Abschluß unserer Stunde zu zweit Fußball spielen. Jedes Spielerpaar bekommt einen Ball. Wer ist am Ball? Versucht euch den Ball gegenseitig mit den Füßen wegzunehmen. Ihr dürft dabei den Mitspieler nicht mit den Händen wegstoßen *(Abb. 98)!*

— Baut euch ein Tor! Wer ist der beste Tormann und wer ein guter Torschütze? Wechselt euch ab *(siehe Abb. 97).*

— Zum Abschluß spielen wir auf zwei Tore. In jeder Mannschaft sind fünf Spieler *(Abb. 99)*.

Abb. 98

Abb. 99

2. *Erweiterung der Spielerfahrungen (11- bis 13jährige)*

Wir spielen uns warm!

a) Drei Spieler bauen sich ein Tor (1 m). Das Spiel wird durch Hochwurf des Balles eröffnet. Jeder versucht gegen jeden ein Tor zu erzielen. Es darf rund um das Tor gespielt werden *(Abb. 100)*. Möchte einer der drei Spieler gerne Tormann sein, so spielt einer gegen einen auf ein Tor mit Tormann *(Abb. 101)*.

b) Beim Torschußspiel können wir etwas ausruhen.
Jeder Spieler muß einmal ins Tor. Es wird von beiden Seiten aus geschossen. Erfindet selbst eine Spielregel, die es euch erlaubt, einen Sieger zu ermitteln *(Abb. 102)!*

Abb. 100

c) Jetzt spielen zwei gegen einen. Der Einzelspieler verteidigt sein Tor. Die beiden anderen versuchen ihn zu überlisten und ein Tor zu schießen. Wer den Ball an den Abwehrspieler verliert, muß für ihn das Tor verteidigen. Es darf rund um das kleine Tor (2—3 m) gespielt werden *(Abb. 103).*

Abb. 101

Abb. 102

Abb. 103

Abb. 104

78

d) Auch die Abwehrspieler müssen zusammenspielen, wenn sie sich einer Übermacht von Stürmern erwehren wollen. Es spielen zwei Dreiergruppen gegeneinander. Drei Stürmer versuchen fünf Minuten lang gegen zwei Verteidiger und einen Tormann möglichst viele Tore zu erzielen. Dann werden die Rollen vertauscht.

(Anhand dieses Spiels wird die Frage erörtert, wie die beiden Verteidiger am besten gegen die Übermacht das Tor verteidigen können. Wie kann man das Tor gegen die Angriffe abschirmen? Welche Stürmer müssen besonders gut gedeckt werden? Wie können die drei Abwehrspieler geschickt zusammenarbeiten?) *(Abb. 104.)*

e) Am Schluß der Stunde wird ein Turnier ausgetragen. Es ist sinnvoll, die Klasse für eine längere Zeit in vier leistungsgleiche Gruppen einzuteilen (16). Die Organisation des Turniers überlassen wir dabei den Schülern selbst. Ist das Turnier frühzeitig vom Lehrer angekündigt, kann es

Abb. 105

schon vor der Unterrichtsstunde von den Gruppenleitern organisiert werden. Es wird auf zwei Spielfeldern ausgetragen. Die Spielzeit beträgt zweimal 7 min. Errungene Tore und Punkte werden über eine vorher vom Lehrer festgesetzte Zeit (z. B. 8 Wochen) von den Schülern selbst registriert.

Es spielen in jeder Mannschaft 5 Feldspieler und ein Tormann. Auswechselspieler dürfen eingesetzt werden. Jede Gruppe muß einen Schiedsrichter stellen *(Abb. 105)*. Solche Wettspiele geben einen guten Überblick über Leistung und Spielverhalten der Schüler. Sie können Anlaß werden zu gemeinsamen Gesprächen über die Taktik der einzelnen Mannschaften (siehe auch Kap. C II).

3. *Steigerung der Spielleistungen (16- bis 18jährige)*
a) Aufwärmen und konditionelle Arbeit
— Paare bilden: jedes Paar hat einen Ball. Spielt euch warm *(Abb. 106)*.

Abb. 106

— Kampfspiel einer gegen einen über den ganzen Platz auf die großen Fußballtore. Erst innerhalb des Sechzehnmeterraumes darf aufs Tor geschossen werden *(Abb. 107)*.
Spieldauer 1—2 min, dann 2 min Pause; 5mal hintereinander.

Abb. 107

In den Pausen können folgende technische Aufgaben gestellt werden:
— Spielt euch den Ball aus 10 m Entfernung so zu, daß ihr ihn fangen könnt!

- Spielt ihn kopfhoch zu und köpft zum Schützen zurück!
- Spielt ihn halbhoch und stoßt ihn direkt mit dem Fuß zurück! Auf genaues Zuspiel achten!
- Stoppt den halbhohen Ball *(Abb. 107)!*

b) Alle müssen Tore schießen können!
- Torschußspiel zwei gegen zwei auf zwei Tore. Torabstand ca. 30 m, Torgröße 7—8 m *(Abb. 108).*
  (In folgenden Spielformen aus der Spielreihe „Tore erzielen aus dem Zuspiel", siehe Kap. B I., 2., Seite 29 f.)

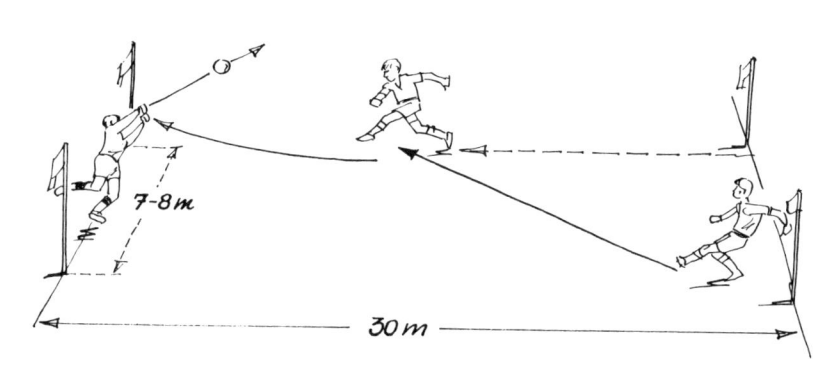

Abb. 108

Nach diesen Torschußspielen, die noch von allen ausgeführt werden, bekommen nun Läufer und Verteidiger (siehe c), Stürmer und Tormann (siehe d) unterschiedliche Aufgaben gestellt.

Abb. 109

c) Wir üben das Direktspiel

Der Spielfeldaufbau der Torschußspiele wird beibehalten. Es spielen nun vier gegen vier *(Abb. 109).*

Um das flüssige Zusammenspiel (jeder darf nur zweimal den Ball berühren) zunächst zu erleichtern, muß die jeweils abwehrende Mannschaft zwei ihrer Spieler ins Tor stellen, so daß vier Angreifern nur zwei Abwehrspieler gegenüberstehen. Bei Ballverlust der Stürmer laufen zwei Spieler sofort zurück ins Tor. Die beiden anderen verteidigen gegen vier Gegenspieler, bestehend aus den bisherigen Tormännern und den beiden Verteidigern (siehe *Abb. 109*).

Die Überzahl der Stürmer kann dadurch vermindert werden, daß nur jeweils ein Abwehrspieler ins Tor geht. Es ständen dann vier Stürmern drei Abwehrspieler gegenüber. Eine Erschwerung des Sturmspiels wird möglich, wenn statt zwei Ballberührungen (Annehmen — Abspielen) nur eine erlaubt wird.

Spielerfahrene Lehrer und Übungsleiter können sich aktiv in das Spiel einschalten und jeweils die ballführenden Stürmer verstärken.

d) Flankenschlagen

Zwei Spieler hüten ein 8 m großes Tor. Sie müssen auf der Torlinie bleiben. Zwei Gegenspieler versuchen aus Flanken Tore zu erzielen. Jeder schlägt fünf Flanken. Danach wechseln Tormänner und Feldspieler die Rollen. Wer erzielt aus insgesamt zehn Flanken die meisten Tore *(Abb. 110)*.

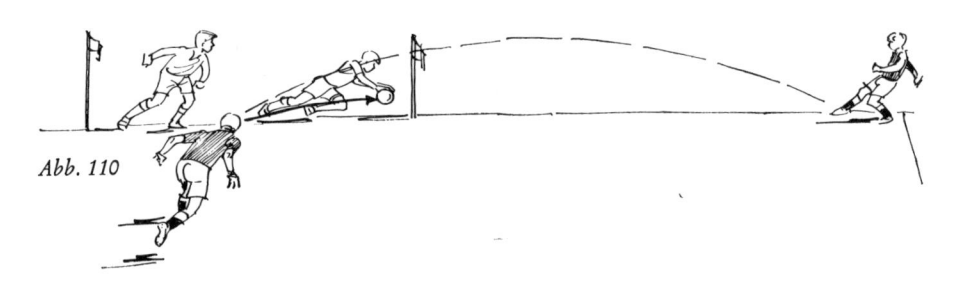

Abb. 110

Nach einiger Zeit des Spiels schaltet sich der Übungsleiter (ÜL) ein, um besondere Aufgaben zu stellen. Er verändert dazu die Grundaufstellung der Spieler. Nur ein Spieler bleibt im Tor. Der andere versucht in Verteidigungsposition den Flankenball abzuwehren. Der Übungsleiter spielt den aus etwa 20 m Entfernung vom Tor den beiden Außenstürmern (hier RA) auf verschiedene Weise zu.

— Die Außenstürmer werden entweder mit einem Querpaß angespielt, dribbeln mit dem Ball bis zur Torauslinie und flanken dann. Der andere Außenstürmer und der Übungsleiter versuchen gegen die Abwehr des Verteidigers ein Tor zu erzielen *(Abb. 111)*.

— Die Außenstürmer müssen einen Diagonalpaß direkt vors Tor flanken *(Abb. 112)*.

Es werden kurze und weite Flanken sowie das Eckenschießen geübt. Folgende taktische Fragen können besprochen werden: Deckungsspiel des Verteidigers, Verhalten des Tormannes bei hohen Flankenbällen; dem Außenstürmer möglichst zwei Anspielmöglichkeiten schaffen; von wo flankt der Außenstürmer am günstigsten? usf.

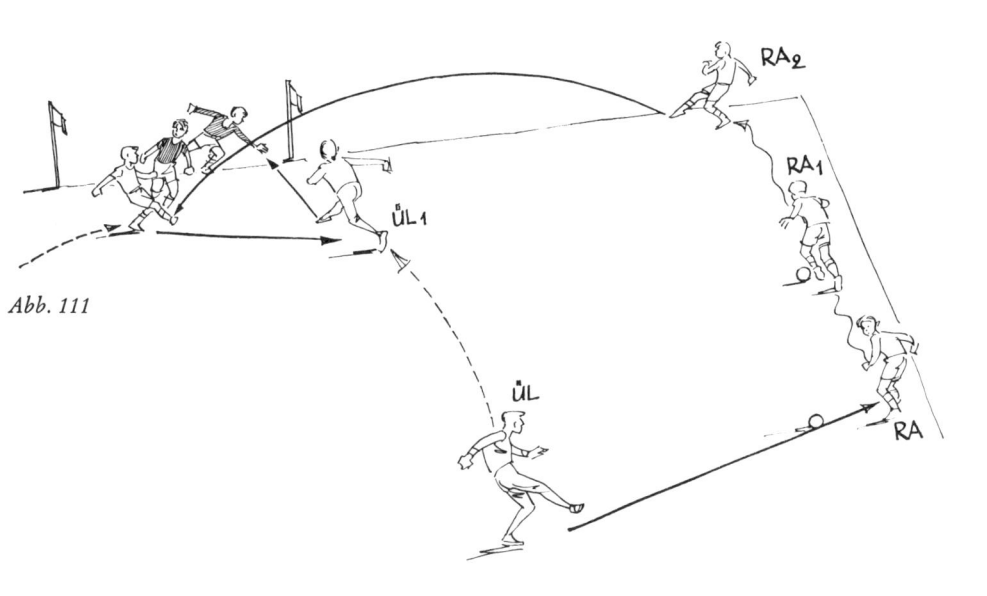

Abb. 111

Das Übungsspiel kann auch ohne den Übungsleiter fortgeführt werden. Auf den Verteidiger wird dann verzichtet; er nimmt die bisherige Posi-

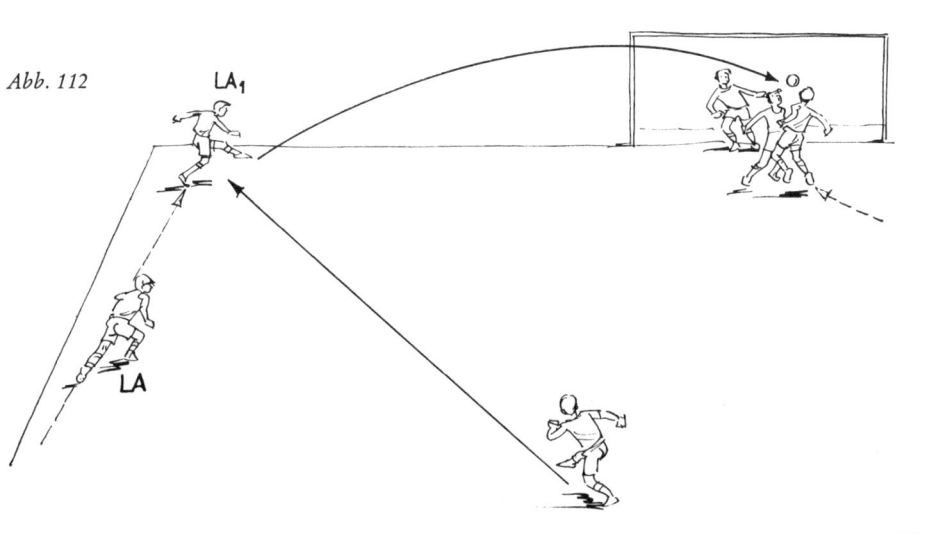

Abb. 112

tion des Übungsleiters ein. Der Tormann darf nun herauslaufen und die Bälle abfangen *(Abb. 113)*.

Abb. 113

II. Vom Turnierspiel in der kleinen Gruppe zum Spielturnier der Schule

Bewußt wird das Thema „Turnier" in seiner Entwicklung vom Turnierspiel in der kleinen Gruppe zum Spielturnier der Schule verfolgt.

Es wurde eingangs darauf hingewiesen, daß es Auftrag des Spielunterrichts sei, dem Fußballspiel als Kampfspiel gerecht zu werden (siehe Kap. A II. 1.). Die Schüler müssen sich also auch in der „Ernstsituation" des Wettspiels bewähren lernen, und zwar nicht nur einzelne „Repräsentativspieler", die in ihren Vereinen ohnehin Wettspiele bestreiten, sondern alle Schüler der Klasse.

In Spielturnieren läßt sich der Wettkampfgedanke des Fußballspiels angemessen betonen. Wir setzen die Schüler aber nicht unvorbereitet einem Wettspiel im Schulvergleichskampf aus. In kleinen Spielturnieren im Rahmen der Gruppe und Klasse geben wir erst einmal Gelegenheit, Erfahrungen im Kampfspiel zu sammeln und unter erzieherischer Führung ein adäquates Wettkampfverhalten zu entwickeln.

Spielturniere sind also nicht nur festliche Höhepunkte des Schullebens. Sie sind ein unersetzbarer Bestandteil des Unterrichts selbst.

Von besonderer Bedeutung für die Entwicklung eines angemessenen Wettkampfverhaltens ist, daß Spielregeln und Wettkampfreglement nicht autoritär vor dem Schüler aufgerichtet und mit der Macht der Pfeife durchgesetzt werden. Die Regel muß von den Schülern als im Dienste des Spiels stehend erfahren werden. Das wird nur gelingen, wenn den Jungen oft Gelegenheit gegeben wird, die Regeln für ihr Spiel selbst festzulegen. Wer sein Wettkampfreglement selbst bestimmen kann, wird es mit Sicherheit auch achten und einhalten.

Bei der Organisation der Turniere sollte der Lehrer nur Anreger und Berater sein.

Die Bestimmung des Austragungsmodus und der Spieltermine, die Aufstellung und Veröffentlichung der Tabelle und die Einrichtung der Plätze, die Bestellung der Schiedsrichter und Linienrichter aus den Reihen der Schüler und schließlich die Aufstellung der Mannschaften sollten in den Händen der Schüler, ihrer Gruppenführer, Klassensprecher und der Schülermitverwaltung liegen.

Die Turnierspiele und Spielturniere im Rahmen der Klasse werden vom Lehrer in enger Verbindung zu den „Hauptthemen des Unterrichts" geplant. Als Wettspiele bieten sich nicht nur die „Kampfspiele auf zwei Tore" an. Ebenso können in „Torschußspielen" und „Kampfspielen auf ein Tor" die erfolgreichsten Spieler, Parteien und Mannschaften ermittelt werden.

Die Turniere geben dann dem Lehrer eine gute Möglichkeit, das Verhalten der Schüler in den „Grundsituationen des Fußballspiels" und in den Ernstsituationen des Wettkampfes zu kontrollieren.

Die nun folgenden Vorschläge wiederholen im Grunde Spiele, die weiter oben schon beschrieben wurden. Es wird lediglich noch einmal geschlossen dargestellt, über welche Stationen der Weg vom Turnierspiel zum Spielturnier beschritten werden kann.

1. Das Turnier innerhalb der Spielgruppe

Beispiele:

a) Eine Dreiergruppe, die von beiden Seiten ein Tor beschießt (siehe Spielreihe Kap. B I. 2.) erhält die Aufgabe, sich zu besprechen und eine Regelung zu finden, die es erlaubt, Sieger und Verlierer zu bestimmen.

b) Je fünf Spieler erhalten einen Ball und zwei Fähnchen, um ein Tor zu markieren. Sie erhalten zum Beispiel folgende Aufgaben:
— Ermittelt in einem Torschußspiel den besten Torschützen!
— Ermittelt den besten Torhüter!
— Wer ist im Kampfspiel auf ein Tor der erfolgreichste Einzelspieler?

c) Eine Sechsergruppe erhält die Aufgabe, auf zwei kleinen Spielfeldern im Torschuß- oder Kampfspiel auf ein Tor einen Sieger zu ermitteln.
Hier wird die Organisation schwieriger, da es gilt, die Leistungen zweier Untergruppen (je drei Spieler) in Beziehung zu setzen und dafür ein passendes Reglement zu finden.
Auf diesem Wege werden die Jungen mit den üblichen Wettkampfregelungen wie Ko.-System, Punktsystem oder Verbindung beider vertraut.

2. Das Turnier innerhalb der Klasse

Es bietet sich an, aus der Reihe der Gruppensieger den Klassensieger zu ermitteln. Dieses Verfahren erweist sich aber als ausgesprochen langwierig und unübersichtlich, vor allem dann, wenn neben den Siegern auch die Zweit-, Dritt- und Viertplazierten noch am Spiel beteiligt werden sollen. Es ist daher ratsam, das Turnier im Klassenverband neu zu organisieren und nicht auf den Kleingruppenturnieren aufzubauen. Die Klasse teilt man dazu am besten in vier leistungsgleiche Grundgruppen (MESTER) ein, die über eine längere Zeit bestehen bleiben.

Diese Einteilung erleichtert die Organisation beträchtlich. Gehen wir von einer Klasse mit 40 Schülern aus, so hat jede Gruppe zehn Mitglieder, die zum Beispiel je eine erste und eine zweite Mannschaft mit je fünf Spielern aufstellt.

Will man ein „Siebenerspiel" im Sinne der Knabenspielordnung austragen, so können neben den sieben Spielern zwei Auswechselspieler gestellt werden; jede Gruppe bestimmt außerdem einen Schiedsrichter.

a) Das Kurzturnier

Im letzten Drittel einer Unterrichtsstunde spielen die ersten und zweiten Mannschaften in getrennten Runden. Am Ende entscheiden die Punkte und Tore, die die erste und zweite Mannschaft einer Grundgruppe gemeinsam erzielt haben, über die Plazierung.

Auch hier sind verschiedene Regelungen möglich. Erfahrungsgemäß wird nach einigen Turnieren ein bewährtes Reglement beibehalten.

b) Die Spielrunde

Eine Spielrunde trägt man am besten über mehrere Unterrichtsstunden aus. Auch hier ist es ratsam, jede Grundgruppe eine oder zwei Mannschaften bilden zu lassen, die in Vor- und Rückspielen wie „Vereine" gegeneinander antreten. Wir sollten aber nicht ganze Unterrichtsstunden diesen Spielen opfern; die Spielzeiten können bis auf 2 × 10 min gekürzt werden.

Diese Spiele über eine längere Zeit regen die Schüler zu taktischen Erwägungen an: „Wie können wir nach dem Punktverlust im Vorspiel im Rückspiel besser abschneiden?"; „Was haben wir bisher zu wenig beachtet?"; „Wie können wir die einzelnen Spieler besser einsetzen?" Der Lehrer kann beratend und klärend an solchen Gesprächen teilnehmen.

3. *Das Schulturnier*

Nur wenn die Schüler im Unterricht gelernt haben, sich angemessen in den Kampfsituationen eines Wettspiels zu verhalten, werden sich die unliebsamen Szenen vermeiden lassen, die auch bei Schulturnieren keine Seltenheit sind.

Es gibt viele Möglichkeiten, ein solches Turnier zu organisieren. An einige Grundsätze sollte man sich dabei halten:

- Möglichst viele Schüler am Spiel beteiligen; eine Klasse bildet mehrere Mannschaften,
- Unter-, Mittel- und Oberstufe voneinander trennen,
- Spieldauer und Spielfeldausmaße je nach Altersstufe festlegen (siehe Spielordnung des DFB),
- Schüler werden als Schiedsrichter und Linienrichter bestimmt,
- Planung, Durchführung und Gestaltung des Turniers liegt in den Händen der Schüler; die Lehrer helfen und beraten.

Turniere zwischen verschiedenen Schulen sollten nur selten durchgeführt werden. Es hat sich gezeigt, daß dann doch nur „Vereinsmannschaften" in neuer Zusammensetzung gegeneinander spielen.

Allgemeine Spielordnung nach Vorschlägen des Deutschen Fußball-Bundes

Spieldauer der einzelnen Altersklassen:

A-Jugend	16—18 Jahre	2 × 40 Minuten
B-Jugend	14—16 Jahre	2 × 35 Minuten
C-Jugend	12—14 Jahre	2 × 30 Minuten
D-Jugend	bis 12 Jahre	2 × 25 Minuten

Für die Jungen bis zum vollendeten 12. Lebensjahr gibt es eine eigene „Knabenspielordnung", der wir die wichtigsten Bestimmungen entnehmen. „Der Entwicklungsstufe der Knaben entsprechend werden Platz-, Tor- und Ballmaße geändert.

Platz: Länge 70 m, Breite 50 m, Strafraum 12 m, Torraum 4 m, Strafstoßmarke 8 m, Mittelkreis 7 m, ebenso die Entfernung der Spieler vom Ball bei Freistößen 7 m.

Tore: 5 × 2 m.

Ball: Umfang mindestens 62 cm und höchstens 65 cm, Gewicht mindestens 300 g und höchstens 350 g.

Spielzeit: 2 × 20 Minuten.

Es „können Mannschaften aus sieben Spielern formiert werden."

D. Anhang

I. Anmerkungen

(1) *Wagenschein, M.:* Die pädagogische Dimension der Physik. Braunschweig 1965, 2. Aufl.
(2) Hinter dem Wort „Vereinfachung" verbirgt sich gleich ein ganzes Bündel pädagogischer Probleme. *Klafki, W.* benutzt den Begriff „einfache Formen", um damit „Grundformen des Pädagogisch-Elementaren zu bezeichnen". (Das pädagogische Problem des Elementaren und die Theorie der kategorialen Bildung, Weinheim 1964, 3./4. Aufl., S. 452 ff.) — *Hilmer, J.* spricht von „ganzheitlicher Vereinfachung" als einem Elementarisieren, „das nicht zu verwechseln ist mit dem Zerlegen des Spiels in einzelne Elemente, einzelne Spieltechniken" (Grundzüge einer Theorie der Spielerziehung. Ein Beitrag zur Didaktik der Leibeserziehung. Diss. Göttingen 1964, S. 214) — *Scheuerl, H.* beschreibt den Prozeß der Vereinfachung wie folgt: „eine einfache, notfalls vereinfachte Ganzheit... entsteht, indem man das Ganze der Lehre rückläufig vereinfacht, ‚elementarisiert', ohne es in seine Bestandteile aufzulösen". (Die exemplarische Lehre. Sinn und Grenzen eines didaktischen Prinzips, Tübingen 1964, 2. Aufl., S. 36) — vergleiche auch *Schwager:* Wesen und Formen des Lehrgangs im Schulunterricht, Weinheim o. J., S. 140 ff.
(3) *Schöneberg:* ... „fruchtbar ist eine Situation nur als ‚Praxis', d. h. wenn sie — im pädagogischen Bereich unter Mithilfe des Erziehers — über die Ebene bloßen mechanischen Tuns, Ausführens, Machens hinaufgehoben wurde auf die eigentlich menschliche Stufe sinngeleiteten, bejahten Handelns. Je intensiver es dabei um die Sachen selbst geht, je dichter die Motivation verbunden ist mit dem Sachverhalt, um so leichter kann daraus eine Präzedenzsituation werden, deren Strukturen in kommende Unternehmen eingehen." (Situation als pädagogisches Problem. Neue pädagogische Bemühungen Bd. 10, Essen 1963, S. 16 f.) — siehe dazu auch: *Rijsdorp, Kl.:* Situative Didaktik in Die Leibeserziehung 8/1965 und *Winnefeld, Fr.:* Psychologische Analyse des pädagogischen Lernvorgangs, in Pädagogische Psychologie, hrsg. v. *F. Weinert,* Köln/Berlin 1967, S. 51—69.
(4) *Bernett, H.:* Grundformen der Leibeserziehung, Schorndorf 1965, S. 88.
(5) Die in der Sachanalyse gefundenen *Grundsituationen* sind unabhängig von den jeweils aktuellen Spielsystemen (wie WM-System, Vier-Zwei-Vier, Vier-Drei-Drei usf. gültig. Ihre Gültigkeit haben sie in modifizierter Form für alle Sportspiele mit Tor- bzw. Korbziel. Damit ist zugleich angedeutet, daß an einem einzigen Sportspiel das Grundgefüge aller Sportspiele beispielhaft erfahren werden kann. Die Möglichkeit, durch ein einziges Spiel einen ganzen Bereich der Spielwirklichkeit beispielhaft zu erschließen, erscheint für die Didaktik der Leibeserziehung von besonderer Bedeutung.
(6) Seit einiger Zeit haben sich die Bemühungen verstärkt, Spielformen in den Mittelpunkt des Spielunterrichts zu stellen. Siehe: *Dietrich, K.:* Didaktische Überlegungen zum Schulfußball, Die Leibeserziehung 8/1964 — *Haag, H.:* „Fußballähnliche" Spiele. Die Leibeserziehung 5/1965 — *Lammich, G.:* Spiele für das Fußballtraining, Berlin 1966 — Für das Handballspiel macht *Hilmer, J.* ähnliche Vorschläge: Aspekte und Probleme einer Didaktik der Leibeserziehung, dargestellt am Spiel, Die Leibeserziehung 2/1963.
(7) Siehe *Goeldel, P.:* Die Polarität von Spielen und Üben, in Festschrift Carl Diem, Frankfurt 1962.

(8) *Hilmer, J.*: „Fruchtbare Hinweise" für den Aufbau eines Spiellehrgangs „liefert die spontane Spielwelt der Kinder und Jugendlichen. Dort zeigt sich, daß die Lebensspiele der Erwachsenen in ihrem „Grundgedanken" mit den jeweils vorhandenen Fertigkeiten vom Kinde elementar verwirklicht werden." — Grundzüge einer Theorie der Spielerziehung. Ein Beitrag zur Didaktik der Leibeserziehung. Diss. Göttingen 1964, S. 217.
Der Verfasser hat 1963/64 Fußballspiele in der freien Spielwelt der Kinder und Jugendlichen gesammelt und ihren Wert für den Spielunterricht diskutiert (*Dietrich, K.*: Didaktische Überlegungen zum Schulfußball, Die Leibeserziehung 8/1964 — Ders.: Filmveröffentlichung „Fußball spielgerecht" — Eine Studie zur Didaktik des Spiels, Landesbildstelle Hessen, Frankfurt a. M. —
Ferner siehe Filmdokumentation *Dietrich, K./Landau, G.*: Fußballspielen im freien Bewegungsleben der Kinder und Jugendlichen, Institut f. d. Wissenschaftlichen Film, Göttingen 1968.
(9) Siehe auch *Schultze, W.*: Die Gestalteinheit im Spiel des Grundschülers, Arch. f. d. Ges. Psych., Bd. 87, Heft 1 und 2, 1933 — Seine Untersuchung enthält aufschlußreiche Hinweise auf die „den Spielverlauf modifizierenden Faktoren".
(10) *Mester, L.* kennzeichnet Gemeinschaftsordnung, Wetteifer und Leistung „als die konstruktiven Elemente für den erzieherischen Aufbau der Praxis" (Planvolle Leibeserziehung, Gießen 1965, 7. Aufl., S. 4). „... mit ihrer Hilfe lassen sich Wesensart und Verhaltensweise der Kinder in den jeweiligen Entwicklungsstufen besonders gut verdeutlichen." (Grundfragen der Leibeserziehung, Braunschweig 1962, S. 106.) Zur Charakteristik des Sportspiels als Kampf-, Mannschafts- und Leistungsspiel siehe auch: *Scheuerl, H.*: Das Spiel, Weinheim 1962, 2. Aufl., S. 149 ff. — *Mester, L.*: Gemeinschaftserziehung und Mannschaftsspiel, in Kongreßbericht „Das Spiel", hrsg. v. ADL, Frankfurt 1959, S. 129 — *Bernett, J.*: Grundformen der Leibeserziehung, Schorndorf 1965, S. 88.
(11) *Scheuerl*, H.: Das Spiel, Weinheim 1962, 2. Aufl., S. 205.
(12) Der Begriff der Spielreihe findet zunehmend Verwendung, wo man um den planmäßigen Aufbau des Spielunterrichts bemüht ist. *Mester, L.*: Planvolle Leibeserziehung, Gießen 1965, 7. Aufl., S. 15 ff. — Ders.: Grundfragen der Leibeserziehung, Braunschweig 1962, S. 114 und S. 174 f. — *Geissler, A.*: Freudvolle Spiele, Frankfurt a. M. 1964, 4. Aufl. — Ders.: Was ist Leibeserziehung, Ratingen 1967, S. 74 f. — *Stöcker, G.*: Schulspiel Basketball, Schorndorf 1966 — *Dürrwächter, G.*: Volleyball — spielend lernen — spielend üben, Schorndorf 1967 — *Dietrich, K.*: Didaktische Überlegungen zum Schulfußball, Die Leibeserziehung 1964/8.
(13) *Hilmer, J.*: Grundzüge einer Theorie der Spielerziehung. Ein Beitrag zur Didaktik der Leibeserziehung, Diss. Göttingen 1964, S. 216.
(14) *Mahlo, F.* weist auf die besondere Bedeutung von Spielformen für die taktische Schulung hin. „Die taktische Schulung muß eine komplexe, alle Tätigkeitsformen miteinander entwickelnde Ausbildung umfassen... Hauptformen der Ausbildung des taktischen Handelns sind demnach Spielformen und die Wettkampfspiele. Nur hier können sich infolge der speziellen äußeren Bedingungen der Tätigkeit, der ständig notwendigen Anpassung der Spieler an die mannigfaltigen Situationen die für die Spieltätigkeit wichtigen sensomotorischen Fertigkeiten und das mit dem praktischen Handeln verbundene taktische Denken voll ausbilden." (Theoretische Probleme der taktischen Ausbildung in den Sportspielen, in Theorie und Praxis der Körperkultur 3/1966, S. 233.)
(15) Siehe Anmerkung 14.
(16) Zur Frage der Gruppeneinteilung gibt *Mester, L.* hilfreiche Hinweise in dem Beitrag: Gemeinschaftserziehung und Mannschaftsspiel, in Kongreßbericht „Das Spiel", S. 121—134.

II. Literaturangaben

Altrock, H./Karger, H.: Schule und Leibeserziehung Bd. 1—4, Frankfurt 1956.
Ausschuß Deutscher Leibeserzieher (Hrsg.): Kongreßbericht „Das Spiel", Frankfurt am Main 1959.
Autorenkollektiv: Spielend trainieren, Sportverlag, Berlin 1966.
Bernett, H.: Grundformen der Leibeserziehung, Schorndorf 1965.
Buytendijk, F. J. J.: Das Fußballspiel, Würzburg o. J.
Busch, W.: Fußball in der Schule, Frankfurt 1963, 2. Aufl.
Cramer, D.: Fußball-Technik, Duisburg 1964, 4. Aufl.
Cramer, D.: Fußball-Taktik, Duisburg 1964, 4. Aufl.
Cramer, D.: Fußball-Training, Duisburg 1961, 2. Aufl.
Cramer, D.: Alle verzaubert der Ball, Frankfurt 1967, hrsg. v. DFB.
Deutscher Fußball-Bund (Hrsg.): Unterrichtsbilder für den Schulfußball, hrsg. v. Jugendausschuß des DFB, Frankfurt a. M. o. J.
Dietrich, K.: Didaktische Überlegungen zum Schulfußball, in Die Leibeserziehung 8/1964.
Dietrich, K.: Fußball spielgerecht — Eine Studie zur Didaktik des Spiels, Filmveröffentlichung Landesbildstelle Hessen, Frankfurt a. M. — Filmbesprechung, in Die Leibeserziehung 6/1967.
Dietrich, K./Landau, G.: Fußballspielen im freien Bewegungsleben der Kinder und Jugendlichen, Filmveröffentlichung Institut f. d. Wissenschaftlichen Film, Göttingen 1968.
Dürrwächter, G.: Volleyball — spielend lernen — spielend üben, Schorndorf 1967.
Fetz, F.: Allgemeine Methodik der Leibesübungen, Wien/München 1961.
Geissler, A.: Freudvolle Spiele, Frankfurt a. M. 1964, 4. Aufl.
Geissler, A.: Was ist Leibeserziehung? Ratingen 1967.
Goeldel, P.: Die Polarität von Spielen und Üben, in Festschrift Carl Diem, Frankfurt a. M. 1962.
Klafki, W.: Das pädagogische Problem des Elementaren und die Theorie der kategorialen Bildung, Weinheim 1964, 3./4. Aufl.
Haag, H.: „Fußballähnliche" Spiele, in Die Leibeserziehung 5/1965.
Hilmer, J.: Aspekte und Probleme einer Didaktik der Leibeserziehung, dargestellt im Spiel, in Die Leibeserziehung 2/1963.
Hilmer, J.: Grundzüge einer Theorie der Spielerziehung. Ein Beitrag zur Didaktik der Leibeserziehung, Diss. Göttingen 1964.
Lammich, G.: Spiele für das Fußballtraining, Berlin 1966.
Mahlo, F.: Theoretische Probleme der taktischen Ausbildung in den Sportspielen, in Theorie und Praxis der Körperkultur 3/1966.
Mester, L.: Planvolle Leibeserziehung, Gießen 1965, 7. Aufl.
Mester, L.: Gemeinschaftserziehung und Mannschaftsspiel, in Kongreßbericht „Das Spiel", Frankfurt 1959.
Mester, L.: Grundfragen der Leibeserziehung, Braunschweig 1962.
Palfai, J.: Moderne Methoden im Fußballtraining, Berlin/München o. J.
Paschen, K.: Didaktik der Leibeserziehung, Frankfurt 1961.
Rijsdorp, Kl.: Situative Didaktik, in Die Leibeserziehung 8/1965.
Roth, H.: Pädagogische Psychologie des Lehrens und Lernens, Hannover 1965, 8. Aufl.
Scheuerl, H.: Das Spiel, Weinheim 1962, 2. Aufl.
Scheuerl, H.: Die exemplarische Lehre, Tübingen 1964, 2. Aufl.
Schöneberg, H.: Situation als pädagogisches Problem, Essen 1963.

Schultze, W.: Die Gestalteinheit im Spiel des Grundschülers, Arch. f. d. ges. Psych. Bd. 87, Heft 1 u. 2.
Schwager, K. H.: Wesen und Formen des Lehrgangs im Schulunterricht, Weinheim o. J.
Stöcker, G.: Schulspiel Basketball, Schorndorf 1966.
Weisweiler, H.: Der Fußball, Schorndorf 1962, 2. Aufl.
Winnefeld, F.: Psychologische Analyse des pädagogischen Lernvorgangs, in Pädagogische Psychologie, hrsg. v. *F. Weinert,* Köln/Berlin 1967.

Anschrift des Verfassers:
Prof. Dr. Knut Dietrich
Waldweg 551
2106 Bendestorf

Schriftenreihe zur Praxis der Leibeserziehung und des Sports

1 Koch, **Bewegungsschulung an Gerätebahnen,** 7. Auflage
2 Koch, **Springen und Überschlagen — Hechten und Rollen am Absprungtrampolin,** 5. Auflage
3 Mielke, **Schwimmenlernen — erproben und üben,** 7. Auflage
4 Koch / Timmermann, **Klettern und Steigen — Schwingen und Springen am Stufenbarren,** 5. Auflage
5 Koch / Timmermann, **Vom Steigen und Balancieren zum Turnen am Schwebebalken,** 4. Auflage
6 Meusel, **Vom Purzelbaum zum Salto,** 5. Auflage
7 Braecklein, **Wasserspringen — lernen — üben — leisten,** 4. Auflage
8 Koch, **Vom Bockspringen zu den Längssprüngen,** 6. Auflage
9 Koch, **Methodische Übungsreihen in der Leichtathletik,** Teil I: 9. Auflage
10 Meusel, **Vom Schaukeln und Schwingen zu Schwungstemmen und Umschwüngen,** 4. Aufl.
11 Kirsch / Koch, **Methodische Übungsreihen in der Leichtathletik,** Teil II: 6. Auflage
12 Stöcker, **Schulspiel Basketball — Vom Spielen zum Spiel,** 7. Auflage
13 Koch, **Grundschulturnen an Geräten,** 8. Aufl.
14 Dürrwächter, **Volleyball — spielend lernen — spielend üben,** 8. Auflage
15 Ungerer, **Leistungs- und Belastungsfähigkeit im Kindes- und Jugendalter,** 4. Auflage
16 Koch, **Konditionsschulung für die Jugend,** 5. Auflage
17 Timmermann, **Leistungsturnen am hohen Stufenbarren,** Teil I (vergriffen — keine Neuauflage)
18 Koch, **Leisten — Formen — Gestalten.** Ein Bildband unter methodischem Aspekt
19 Balz, **Vom Klassenwettkampf zum Stadionfest** (vergriffen — keine Neuauflage)
20 Wiemann, **Vom Kippen zum Überschlagen — Vom Schwingen zum Felgen,** 4. Auflage
21 Koch / Mielke, **Die Gestaltung des Unterrichts in der Leibeserziehung,** Teil I, 5. Auflage
22 Dietrich, **Fußball — spielgemäß lernen — spielgemäß üben,** 6. Auflage
23 Koch, **Laufen, Springen, Werfen in der Grundschule,** 5. Auflage
24 Bernhard, **Sprungtraining,** 3. Auflage
25 Wein, **Hockey, lernen und lehren,** 3. Auflage
26 Koch, **Kleine Sportspiele,** 6. Auflage
27 Tschiene, **Stoß- und Wurftraining,** 3. Auflage
28 Räupke / Koch, **Vom Klettern und Klimmen zum Turnen an den Ringen,** 2. Auflage
29 Söll / Koch, **Übungsmodelle für alle Altersstufen,** 4. Auflage
30 Dassel / Haag, **Circuit-Training in der Schule,** 5. Auflage
31 Braecklein, **Methodische Übungsreihen im Schwimmen,** 6. Auflage
32 Käsler, **Handball — Vom Erlernen zum wettkampfmäßigen Spiel,** 5. Auflage
33 Kruber, **Leichtathletik in der Halle,** 6. Auflage
34 Friedrich / Gattermann, **Jugendgemäße Ski-Grundausbildung** (vergriffen — keine Neuauflage)
35 Kerkmann, **Wir spielen in der Grundschule,** 5. Auflage
36 Blumenthal, **Vorschulturnen an Geräten,** 4. Auflage
37 Kretschmer, **Grundlagen und Methoden zur Intensivierung des Unterrichts im Gerätturnen,** 2. Auflage
38 Heinrich, **Spielerische Wassergewöhnung im Anfänger-Schwimmunterricht,** 4. Auflage
39 Kiphard, **Bewegungs- und Koordinationsschwächen im Grundschulalter,** 4. Auflage
40 Jonath / Kirsch / Schmidt, **Lauftraining,** 3. Aufl.
41 Neumann, **Basketball-Grundschule,** 4. Aufl.
42 Timmermann, **Bodenturnen der weiblichen Jugend,** 3. Auflage
43 Klindt, **Tanzen in der Schule,** 4. Auflage
44 Dieckert / Koch, **Methodische Übungsreihen im Gerätturnen,** 6. Auflage
45 Koch / Söll, **Stundenmodelle für alle Altersstufen,** 4. Auflage
46 Kreidler, **Konditionsschulung durch Spiele,** 4. Auflage
47 Eberhardt-Matz, **Schüler lernen Schifahren,** in deutscher und englischer Sprache
48 Nattkämper, **Gymnastik für Jungen**
49 Lautwein, **Der Sportunterricht im 1. Schuljahr,** 4. Auflage
50 Ueberle, **Trainingsleitung und Mannschaftsführung in den Sportspielen** (vergriffen — keine Neuauflage)
51 Beyer, **Sportliches Wasserspringen,** Teil I, 3. Auflage
52 Schulz, **Methodik des Trampolinspringens,** Teil I, 3. Auflage
53 Recla, **Method. Übungsreihen im Schilauf**
54 Schmidt, **Eine Klasse treibt Wintersport**
55 Recla, **Leistungssport im Jugendalter**
56 Engel / Küpper, **Gymnastik, Finden · Üben · Variieren · Gestalten,** 4. Auflage
57 Heiß, **Unfallverhütung und Nothilfe beim Sport,** 2. Auflage
58 Timmermann, **Leistungsturnen am Schwebebalken** (vergriffen — keine Neuauflage)
59 Volkamer, **Experimente in der Sportpsychologie,** 2. Auflage
60 Oberbeck, **Mehrkampftraining**